Der Stricker

Tier*bispel*

Herausgegeben

von

Ute Schwab

MAX NIEMEYER VERLAG / TÜBINGEN 1960

,Meinem verehrten Lehrer

Richard Kienast

in Dankbarkeit zugeeignet'

Satz und Druck: Buchdruckerei H. Laupp jr, Tübingen

Inhalt

Einleitung

Für die Auswahl der hier gebotenen *bispel* aus der Lehrdichtung des Strickers waren zwei Gesichtspunkte maßgebend. Einmal sollten im Bildteil Tiere handelnd auftreten, Tier- oder auch Pflanzeneigenschaften im Mittelpunkt stehen. Zum anderen durfte die Didaxe kein ausschließlich geistliches *Morale* enthalten. Durch diese Grenzen wurde der Stoff doppelt eingeschränkt: unberücksichtigt blieben Lehrstücke, in deren Erzählteil Tiere wohl vorkommen, jedoch keine selbständige Rolle spielen[1]; ausgeschlossen wurden weiter Tier*exempla* oder -*naturae*, die mit einer *expositio spiritualis* ausgestattet sind.[2]

Nur diese beiden Linien konnten sich bei der Zusammenstellung von Fabeln des Strickers als richtungsweisend bewähren. Der Dichter selbst war sich der Eigenständigkeit einer Gattung „Tierfabel" und ihres Unterschiedes zu seiner übrigen Didaxe in *bispel*-Form nicht bewußt. Wie sich aus der Anordnung der einzelnen Stücke in den Handschriften erkennen läßt, haben auch spätere Kompilatoren nicht versucht, die *Aesopica* des Strickers eigens zusammenzustellen. Eine solche Haltung entspricht durchaus dem Herkommen: αἶνος, μῦδος, λόγος, *apologus* bezeichnen von alters her (wie *exemplum, spel* und *bispel*)[3] neben Fabel,

---

[1] Wie etwa in Ed. Nr. 49 = A 61 „Das wilde Roß".

[2] Vgl. etwa Ed. Nr. 128 = H 101 „Der Salamander"; Ed. 72 = A 83 „Vom Tode."

[3] Vgl. E. Schröder, Über das Spell, ZfdA 37 (1893), S. 241 ff.

Parabel, Allegorie auch Rätselgeschichte, Märchen, Schwank, Anekdote u. ä.. In den *Corpora Fabularum Aesopicarum* wie in den Exempelsammlungen stehen Vertreter all dieser Gattungen ungesondert nebeneinander. Dem Stricker dürfte für eine Gruppierung seiner *bispel* nur ein Maßstab wichtig gewesen sein, nämlich das Lehrziel der einzelnen Stücke. Daraus ergibt sich zuvörderst die Scheidung nach geistlicher [4]) und weltlicher [5]) Moral; im letzteren Bereiche mag der Lehre von *ere* und *minne* eine besondere Stellung zugekommen sein.

Die Verwandtschaft der einzelnen *bispel* mit antikem Fabelgut konnte nicht als Prüfstein für eine Sammlung von Tier*bispel* aus des Strickers ,,Welt'' gelten. Denn der Stricker kennt auch Stoffe aus der aesopischen Tradition, die zum Bildteil geistlicher *exempla* geworden sind[6]), und solche, denen das Naturelement ganz fehlt[7]). Und weiter: Bei der Verarbeitung von Vorgeformtem verfährt der Stricker ähnlich wie bei der Aufnahme von Entlehntem in seine geistliche Lehrdichtung[8]). Er folgt seiner – z. T. aus Parallelen erkennbaren – lateinischen Vorlage in den Grundzügen recht gewissenhaft. Erweiterungen zielen meist auf ein anschaulich-lebendigeres Ausmalen der Schilderung, wie sich besonders deutlich bei den Einführungsszenen der Fabeln beobachten läßt.

---

[4]) Der Strickerteil der Melker Hs. (M), ihrer Abschrift V, sowie der Hs. W (Cod. Vind. 2884) und in ihrer Abschrift C (Karlsruhe St. Georgen 86) ist eine Sammlung geistlicher *bispel,* welche in C die Überschrift besitzt: *Hie nach volget das buch genant / der Stricker sind etliche exempel / mit derselben gaistlichen außlegüngen.* Zur Hs. Q (cgm. 273) vgl. Hsg., a. a. O. (Bibl. B 5), S. 174 ff.

[5]) In der Würzburger Liederhs. (E) trägt der Strickerteil die Bezeichnung ,,*daz bůch daz do heizet die werlt*'', er enthält fast ausschließlich *bispel*-Reden weltlicher Moral.

[6]) Vgl. Ed. Nr. 94 = A 110 ,,Die Äffin'' (= Avian XXV; Babrios XXXV; Hervieux IV, S. 434, Nr. XLII; Klapper, Exempla, Nr. 189).

[7]) So z. B. Ed. Nr. 56 = A 66 ,,Der Waldschrat'' (= Avian XXIX).

[8]) Vgl. Hrsg., a. a. O. (Bibl. A 17), S. 180, Anm. 4 und Bibl. B 5, pass.

Ein hübsches Beispiel ist das erste Stück dieser Ausgabe, ,,Der Hahn und die Perle". Der Stricker folgt – wie auch beim nächsten Stück – der Romulus-Tradition: Der Hahn findet keinen Edelstein, sondern eine Perle *(mergrieze – margarita)* [1]. Die Gegenüberstellung von Strickers *bispel* mit Romulus 1 ergibt, daß die Hauptzüge der Fabel und ihre Aufeinanderfolge gewahrt, ihr Inhalt jedoch in Einzelheiten stark umgestaltet wurde. Die lakonisch-unappetitliche einleitende Ortsbezeichnung *In sterquilinio* wird durch ein Bild aus dem Landleben ersetzt: Vor einer Scheuer wird gedroschen – und die Körner, welche zu Boden fallen, locken den freßlustigen Hahn an *(quidam gallus)*, der sich benimmt wie alle seinesgleichen in solchen Fällen: er scharrt hin und her *(dum quaereret escam)*; dabei findet er bald eine schöne Perle *(invenit margaritam)*. Bezeichnend ist an dieser Stelle, daß der Stricker die überflüssige Variation des lat. Textes *in indigno loco jacentem* wegläßt. Von demselben Streben nach einheitlicher Linienführung zeugt das logische Unterbauen der Fundsituation am Anfang: durch den lokalen Nebensatz *(da man drasch,* v. 1*)* wird zugleich ein epischer Erzähleingang geschaffen. Eine ähnliche Episierung der Eingangssituation findet sich in Nr. II und Nr. VII dieser Ausgabe.

In anderer Beziehung schaltet der Stricker jedoch noch freier mit seinen Quellen. So sehr er darauf bedacht ist, den Aufbau des Entlehnten in der Nachdichtung zu erhalten, so unbedenklich setzt er andererseits übernommene Stellen oder Motive zu einem neuen Ganzen zusammen.

Die Wolfsfabeln Nr. V und Nr. VI behandeln beide das Thema des *lupus poenitens*. Nach dem Sinntypus ,,Wer seiner Natur zuwider handelt, findet nirgends Verständnis" berührt sich Nr. V (Der Wolf und die Gänse) eng mit der Fabel *De duobus lupis* (Marie de France 87 = Oesterley app. 51): Der Wolf will sich bessern, um sich die Freundschaft seiner Mitwelt zu erwerben und um in Frieden zu leben; seine bisherigen Feinde (Bauern, Gänse) verstehen jedoch die gute Absicht schlecht, der Wolf wird verfolgt und zieht daraus den Schluß, es sei besser, nie mehr Gutes zu tun. Bei Marie de France wird die Geschichte durch einen Dialog zwischen zwei Wölfen eingeleitet. Der Stricker verwendet dieses Zwiegespräch geschickt mit einer neuen Wendung als Einführung zur Fabel vom fastenden Wolf

---

[1] Vgl. Schirokauer, a. a. O. (Bibl. B 3), S. 409.

(Nr. VI „Der Wolf und der Krebs" = Marie de France 50, Oesterley app. 28 *De lupo et ariete*). Die bekannte Fabel bildet jedoch beim Stricker als Mittelstück nur den Übergang zu dem Verrat des Wolfvaters an seinem Sohn. Und nur das eigentlich Neue wird in der Auslegung berücksichtigt.

Für die Entstehung solcher Zusammensetzungen und für die Neubildung von „Fabeln" unter Verwendung aesopischer Züge[10]) ist oft der Lehrteil verantwortlich: Aus der „Moral" erwächst das zugehörige „Beispiel" – die Auslegung geht nur scheinbar aus der vorausgehenden Erzählung hervor. Auslegung und „Beleg" stehen einander ähnlich gegenüber wie *exemplum* und *expositio moralis* in der geistlichen Lehrdichtung[11]). In bezug auf seine Technik unterscheidet der Stricker also nicht zwischen geistlichem und weltlichem *bispel*.

Die Handlung der Geschichte von der Eule, die gerne ein Habicht sein möchte (Teil A des *bispels* XVIII), vollzieht sich zwischen aesopischen Tieren (accipiter et bubo) und im Rahmen des aus der aesopischen Fabel bekannten Sinntypus „Der Zufriedene und der Unzufriedene"[12]) bzw. „Unbedachte Wünsche"[13]). Sie ergibt sich Zug für Zug aus einem im Gewand verallgemeinernd-moralischer Verkleidung (Teil B des *bispels*) dargestellten Vorfall, der dem engeren Publikum des Strickers wohl bekannt gewesen sein muß: Getadelt wird das Verhalten eines Mannes, der sich (wie eine Eule) von dem Leben der ritterlichen Gesellschaft (der Habichte) am Hofe fernhält. Um Macht und Ansehen zu erlangen, schmeichelt er sich auf Anraten eines Höhergestellten durch eine kleine Aufmerksamkeit (eine Maus!) am Hofe (bei *Jovis*, dem Vogelgott) ein und wird schließlich auch mit Amt oder Lehen (*klawen, snabel* und *gevidere* nach Habichtsart = *gewalt*) belohnt. Der Parvenu gebärdet sich nun wie ein echter „Habicht" und unterdrückt seine früheren Feinde. Die – von ihm nicht erwarteten – Folgen der neuen Würde bleiben jedoch nicht aus: sein *herre* (man könnte an den Wiener Hof denken) be-

---

[10]) Ibd., S. 401.

[11]) Vgl. Hrsg., a. a. O. (Bibl. B 5), passim.

[12]) W. Wienert, Die Typen der griechisch-römischen Fabel, Helsinki 1925 (= FFC 56), ET 18; ST 52 c*.

[13]) Ibd., ST 17*.

nötigt seinen Dienst (etwa tatsächliche oder finanzielle Beihilfe, vielleicht anläßlich eines Kreuzzuges), der Günstling muß „eine Feder seines Reichtums" lassen, fürchtet sich aber nun so sehr vor weiteren „Verlusten" (*muze*), daß er sich dem ritterlichen Leben und allen damit verbundenen Verpflichtungen (*der triuwen schin* = dem Tageslicht) entzieht und sich fürderhin in einem Schlupfwinkel (*vinster hol* = *schate der untriuwen, vinster der untugent*) verborgen hält. – Dieser streng durchgeführte Parallelismus erlaubt auch textkritische Entscheidungen: v. 175 *siner muse* A, *sin muste* H bezieht sich auf v. 37: *mus* AH; La. H erweist sich also in v. 175 als fehlerhaft. Daher ist auch mit AH in v. 175 *liep* zu lesen und nicht etwa (nach dem Vorschlag Zwierzinas) *leit* zu konjizieren. Zwierzina nahm hier einen gemeinsamen Fehler in AH an und schloß daraus auf eine zusammengehörige Gruppe *AH; *liep* bezieht sich jedoch auf den Gefallen, den der Fürst dem Schmeichler erwiesen hatte, indem er dessen Geschenk (die Maus) annahm. – Von derselben Ausführlichkeit ist der Parallelismus in Nr. III.

Manchmal überwiegt beim Stricker jedoch die Freude an der Darstellung der Tiergeschichte, dann wird das Epimythion unwichtig, es bleibt auf wenige Verse beschränkt, sein Inhalt ist eine allgemeine, flache Moral ohne innere oder genusbedingte Beziehungen zum Erzählten. Dies ist der Fall bei dem Tiermärchen von Wolf, Biber und Dachs (Nr. IX) und bei der Geschichte vom Esel in der Fremde (Nr. XVI). Auch die Nr. XII (Das Katzenauge) gehört hierher. Sie nimmt insofern eine Sonderstellung ein, als sie nur durch den – von jeher gerne an Eigenschaften der Katze illustrierten – Sinntypus „Die Natur ändert sich nicht"[14] mit den eigentlichen Tierbispel verbunden ist. Im Lehrteil wird zur Bekräftigung Alanus ab Insulis zitiert: *nature ist der ander got – natura vicaria dei* heißt es ausdrücklich, wie in der „Klage"[15].

Nach dem Zusammenhang mit der aesopischen Tradition[16]

---

[14] Ibd., ST 1a*.

[15] Vgl. M. Gothein, Der Gottheit lebendiges Kleid, in: Archiv für Religionswissenschaft IX (1906), S. 355.

[16] Mit Beschränkung auf die nächsten Parallelen zu den einzelnen Stücken in folgenden Sammlungen von Aesopica: Avian = The Fables of Avianus, hrsg. R. Ellis, Oxford 1887 (ibd., Commentary, S. 52 ff.

lassen sich in dieser Sammlung verschiedene Typen von Tier-*bispel* unterscheiden.

1. Der Stoff des Bildteils ist an Parallelen nachweisbar (auf die Übernahme, Erweiterung oder Neugestaltung der Epimythien kann hier nicht eingegangen werden):

I. (= Rom. 1; Oest. III 12; RN I 1; MdFr. 1; Warnke 166 f.; Blaser 58).

II. (Rom. 45; Oest. II 16; MdFr 67; Boner 39; Warnke 211; Blaser 92).

IV. (Avian 1; Hervieux III, 265; 319; 353; 402; 430; 462; 468; 480; 491; Boner 63; A. Schönbach, Beitr. z. Erkl. altdt. Dichtwerke I, Wien 1899, S. 24 zu MF 27, 19; Blaser 117).

V. (Oest. app. 51; MdFr 87; Warnke 242).

VI. (Oest. app. 28; MdFr. 50; Warnke 199; Sparmberg, Anhang S. 102 ff. Nr. 1).

VII. (Rom. 73; Oest. IV 3; RN III 1; MdFr. 30; Warnke 187 f.)

X. (Oest. app. 61; MdFr. 73; Odo 234 und dazu ZfdA 23, 302; Grimm, Ad. W. 3, 195; Warnke 226; F. Kummer, Herrand von Wildonie, Wien 1880, IV).

---

weitere Parallelen); Rom. = G. Thiele, Der lat. Aesop des Romulus, Heidelberg 1910; Oest. = H. Oesterley, Die Paraphrasen des Phaedrus und die aesopische Fabel im Mittelalter, Berlin 1870 (ibd. weitere Parallelen aus den Ysopets u.s.w.); RN = Romulus Nilanti, bei: L. Hervieux, Les fabulistes latins…, Paris 1883/4, Bd. II² (1894), S. 513 ff.; MdFr = Die Fabeln der Marie de France, hrsg. K. Warnke (= Bibliotheca Normannica VI), Halle 1898; Odo = Odo de Ceritona, bei Hervieux, a.a.O., S. 171 ff. – Vgl. außerdem: K. Warnke, Die Quellen des Esope der Marie de France, Halle 1900 (= Forschungen zur romanischen Philologie); P. Sparmberg, Zur Geschichte der Fabel in der mhd. Spruchdichtung, Diss. Marburg 1918; E. Seemann, Hugo von Trimberg und die Fabeln seines Renner. Eine Untersuchung zur Geschichte der Tierfabel im Mittelalter. München 1923 (Münchener Archiv 6); R. H. Blaser, Ulrich Boner, un fabuliste suisse du XIVe siècle, Mulhouse 1949 (ibd. in den Tabellen S. 19 ff. weitere Parallelen aus dem Aesopus moralisatus, dem Wolfenbüttler, Magdeburger Aesop und Steinhöwels Aesop).

XV. (Avian 31; Hervieux III, 282; 343; 365; 386; Steinhöwel 137).

XVII. (Rom. 42; Oest. II 13; Boner 36; Blaser 90; A. Leitzmann, Die Fabeln Gerhards von Minden..., Halle 1898, S. CXVII zu Nr. 116).

2. Der Bildteil des *bispels* weist nur einzelne inhaltliche oder motivliche Gemeinsamkeiten mit Stücken aus der übrigen antiken und mittelalterlichen Fabelüberlieferung auf.

III. (vgl. etwa Altd. Wälder III, 182: „Die Bremse im Blütenhaus", Nachahmung?).

VIII. (etwa: Rom. 29; Oest. II 3; RN 113; MdFr 20; Boner 27; Warnke 179).

XIV. (etwa: Rom. 12; RN I 10; Oest. I 9; MdFr. 8; Boner 12; Warnke 171; Blaser 73).

XVI. (vgl. Avian 5; Odo 410; Seemann 113).

XVIII.(s. o. Anm. 12 und 13).

XIX. (vgl. etwa Rom. 96; Oest. app. 17; und Warnke 233f.).

XX. (etwa: Rom. 55; Oest. III 5; RN II 11; MdFr. 66; Boner 54; Warnke 211; Blaser 108).

Keine Parallelen ergaben sich mir für das Tiermärchen Nr. IX, für Nr. XII und Nr. XIII.

3. Uneigentliche Tierfabeln: Fabelsprüche oder Klein*bispel*[17]), die den *naturae* oder *proprietates* aus der Predigtliteratur nahekommen, sind Nr. XI und die an das Ende der Sammlung gestellten Nrr. XXI (vgl. Odo 395 und Math. 12, 33) bis XXIV.

Die Gruppierung der in der vorliegenden Ausgabe enthaltenen Tier*bispel* ist locker, sie erfolgte teils nach Fabeltieren, teils nach typologischem Gesichtspunkt, teils nach der Überlieferung. In der Mitte zwischen „weltlichem" und „geistlichem" *bispel* steht Nr. XX; das Stück wurde noch in diese Sammlung aufgenommen, da die geistliche Moral sehr allgemein gehalten ist.

---

[17]) Zur Natur dieses Genus vgl. Hrsg., a. a. O. (Bibl. B 6), S. 78. Vgl. dazu im geistl. Bereich etwa Ed. Nr. 162 = A 270 und Ed. Nr. 208 = A 123, Inedita (Bibl. A 17), S. 297.

Die aus Einzeldrucken schon bekannten – wenn auch nicht immer glücklich gewählten – Titel wurden beibehalten, um Verwirrung zu vermeiden; nur die mhd.-nhd. Zwitternamen von Nr. XIII, Nr. XIV und Nr. XXI sind ersetzt. Unter dem Vermerk *Ed. Nr.* ist im Apparat zu jedem Stück die laufende Nummer meiner Konkordanztabelle[18]) angegeben, wo auch alle früheren Drucke vermerkt sind. Mit der hier vorgelegten Auswahl werden die Tierbispel des Strickers zum ersten Mal gesammelt unter Benutzung des ganzen durch die grundlegende Arbeit K. Zwierzinas bekannten Handschriftenmaterials herausgegeben. Durch die Freundlichkeit der Leiter des germanistischen Seminars in Graz war es mir möglich, das im Nachlaß[19]) K. Zwierzinas befindliche Variantenmaterial zu Rate zu ziehen. Für dieses Entgegenkommen sei auch an dieser Stelle herzlich gedankt. Dem Nachlaß konnte ich Mitteilungen aus der verschollenen Kalocsaer Handschrift und der heute leider unzugänglich aufbewahrten, ehemals Nikolsburger Handschrift entnehmen. Die einzelnen Handschriften bezeichne ich mit den üblichen auf Zwierzina zurückgehenden Siglen, die hier kurz erläutert werden. (Im übrigen verweise ich auf das Verzeichnis Zwierzinas im Kraus'schen Lesebuch[20]), auf die Ergänzungen H. Niewöhners[21]) und auf S.13f. meiner Ausgabe der Inedita.)

A = Österreichische Nationalbibliothek Wien, Cod. 2705, Pergament, Ende 13.Jh. Vgl. jetzt: H. Menhardt, Verzeichnis der altd. lit. Hss. der österr. Nat.-Bibl., Berlin 1960, Bd. I, S. 142ff. – Enthält alle Stücke mit Ausnahme der nur in HK überlieferten Nr. XII.

B = Österreichische Nationalbibliothek Wien, Cod. 2885, Papier, aus dem Jahre 1393. Vgl. jetzt: Menhardt, a.a.O., S. 517. – Enthält die Nrr. II; III; VI; XIII.

E = Universitätsbibliothek München, Cod. 2° 731, Pergament, Mitte 14.Jh. – Enthält die Nr. I; II; VI; XX; XXIV.

---

[18]) Ibd., S. 15ff.   [19]) Ibd., S. 9, Anm. 2.

[20]) Bibl. A 10.   [21]) Bibl. A 16.

F = British Museum Ms. Add. 24946, Papier, 15.Jh. Vgl.H. Nie-
wöhner, Die Gedichte Heinrichs des Teichners (DTM 44),
Berlin 1953, I, S. XCI ff., Nr. XII (K). Enthält die Nrr.
I; II; XI; XIII; XIV; XV; XVII; XXI; XXII; XXIV.

H = Universitätsbibliothek Heidelberg, Cod. 341, Pergament,
erste Hälfte 14.Jh. Enthält alle Nrr. mit Ausnahme von
VIII; IX; XIII; XVII; XX.

I = Bibliothek des Museums Ferdinandeum Innsbruck, Cod.
16.0.9., Papier, aus dem Jahre 1456. Enthält die Nrr. III;
VI; XIII.

K = Früher: Metropolitanbibliothek Kalocsa, Cod. 1, Perga-
ment, erste Hälfte 14.Jh. Jetzt verschollen, vgl. PBB
(Halle) 79 (1957), S. 424, Anm. 1. Enthält die gleichen
Nrr. wie H.

L = Fürstlich Fürstenbergische Bibliothek Donaueschingen,
Cod. 104, Papier, erste Hälfte 15.Jh. Enthält die Nr. VII.

M = Bibliothek des Benediktinerstiftes Melk, Cod. R 18, Per-
gament, 14.Jh. Enthält die Nr. IV.

N = Früher: Fürstlich Dietrichsteinsche Bibliothek Nikols-
burg, Cod. S.I., N 76, Pergament, 14.Jh. Jetzt: Biblio-
theca Bodmeriana Cologny, Signatur? Enthält Nr. I.

V = Bibliotheca Vaticana Rom, Cod. Reg. lat. 1423, Perga-
ment, aus dem Jahre 1347. Enthält die Nr. IV.

b = Österreichische Nationalbibliothek Wien, Cod. 2670, Per-
gament, aus dem Jahre 1320. Vgl. jetzt Menhardt, a.a.O.,
S. 78ft. Enthält die Nr. XXIV.

c = Badische Landesbibliothek Karlsruhe, Cod. 408, Papier,
erste Hälfte 15.Jh. Enthält die Nr. VI.

h = Universitätsbibliothek Heidelberg, Cod. 314, Papier, aus
dem Jahre 1443. Enthält die Nr. XXI.

q = Bayerische Staatsbibliothek München, Cod. 444, Papier,
aus dem Jahre 1422. Enthält die Nrr. IV; IX; XIX.

ff = Fragment in Teichner (Niewöhner) Nr. 34, v. 33–56. Vgl.
Bibl. A 16.

Der Handschrift A gebührt unbestritten der Rang der Leit-
handschrift. An Reichhaltigkeit des Stricker-Bestandes und
Güte der Überlieferung steht ihr die Heidelberger Handschrift H
am nächsten: nicht selten ist es schwer zu entscheiden, ob der
glättereText von H oder die metrisch und stilistisch oft gröberen
Formungen von A das „Ursprünglichere" bieten. Auch bei der An-
nahme – es wird auch in Zukunft schwer halten, eindeutige Be-
weise für den wahren Sachverhalt herauszufinden –, daß die
Handschrift A eine ältere (Stricker-) Redaktion, die Handschrift
H aber die jüngere, für eine *bispel*-Sammlung neu bearbeitete
(Stricker-?) Redaktion darstellt, ist A immer auf Einzelfehler zu
prüfen, denn sie ist oft kein guter Vertreter ihres Überlieferungs-
zweiges. In diesen Fällen muß A aus einer anderen Redaktion
gebessert werden, wenn es möglich ist. Auch in der hier vorge-
legten Sammlung wechselt die Zusammensetzung der Hss.-
Gruppen, die sich aus gemeinsamen redaktionellen Laa. ergeben
oder durch die Güte der Überlieferung voneinander unterschei-
den, von Stück zu Stück, manchmal auch innerhalb eines Stückes
selbst.

In I stehen sich die Gruppen AEF und NHK gegenüber,
die beide auf Stricker-Rezensionen zu beruhen scheinen. Evtl.
waren ursprünglich drei Redaktionen vorhanden: N* NHK* AFE*.
Wo also E zu NH tritt, wird AF wohl als falsch zu bewerten sein. –
Auch in II scheidet sich die Gruppe AFE vom Übrigen, also
hier von HKB. Die beiden Gruppen mögen als Vertreter zweier
Stricker-Redaktionen zu bewerten sein, doch weisen ihre Einzel-
repräsentanten auch Fehler auf. – In III stehen sich die (Redak-
tions-?)Gruppen ABI (auf Grund des Zusatzschlusses aus A 72 als
spätere Redaktion anzusprechen?) und HK gegenüber. – In IV
bilden AH*q* eine gemeinsame Gruppe, der die (kaum auf einer
Stricker-Redaktion beruhende) Überlieferung MV gegenübersteht. –
Die beiden Überlieferungen HK und A weichen in V oft vonein-
ander ab, H bietet hier offensichtlich eine glättende Überarbeitung,
die recht gut vom Stricker selbst stammen kann. – Bei VI stehen
sich deutlich die Gruppen EcBI und AHK gegenüber. Zwierzina
hielt die erstere für die (ältere) „Sonderfassung", die letztere für die
(jüngere) „Sammelfassung". Die Handschrift *c* – obwohl als jüngere

Einzelhandschrift voller Fehler – steht dem Original näher als die
Hss. EBI. HK könnte als schlechter Vertreter der „Sammelfassung"
* AHK betrachtet werden, vielleicht wäre A dann der Vertreter
einer daraus abgeleiteten dritten Redaktion. – In VII ist A besser
als H überliefert, L tritt durchgehend weder zu der einen noch zu
der anderen Handschrift. – VIII ist nur in A, und zwar sehr gut
erhalten; IX nur in A und q, wobei q eine gute Überlieferung
vertritt und nicht selten A bessert. – In X weicht HK im
Mittelteil sehr stark von A ab; H macht den Eindruck einer Über-
arbeitung (Redaktion II?). – In XI stehen sich die beiden Grup-
pen AF und HK gegenüber, an die letztere schließt sich das als Be-
arbeitung interessante Teichner-Einschiebsel ß an. HK weist gegen
AF die schlechtere Überlieferung auf. – XII ist nur in HK ver-
treten und dort gut überliefert. – Bei XIII stellt A eindeutig die
beste Überlieferung dar; F tritt manchmal zu BI, das vielleicht als
erste Redaktion angesprochen werden kann. – In XIV tritt F einige
Male bei gleichwertigen Laa. zu HK. A ist hier weniger sorgfältig
geschrieben. – In XV stehen sich zwei Redaktionen, AF und HK,
gegenüber. Sie können wohl beide dem Stricker zugeschrieben wor-
den: der Zusatz vv. 31. 32 (er steht außerhalb der angeführten Par-
allelen aus der aesopischen Tradition) mit der Veränderung von
v. 30 und die genaue Wahrung des Parallelismus von v. 14 (*freisliche*
AF – *harte* HK) und 33 (*freislicher* AF – *harte* HK) lassen darauf
schließen, daß HK eine spätere Redaktion darstellt, welche die
ersten beiden *freislich* vermeidet, da sich der Ausdruck v. 37 wieder-
holt. – Auch bei XVI mag man auf zwei Redaktionen schlie-
ßen, da die sich an Güte die Waage haltenden Varianten A – HK
zahlreich sind. – In XVII bieten A und F (wie auch sonst) keine
redaktionellen Laa. – Auch A und HK sind in XVIII nicht Vertreter
verschiedener Redaktionen. – In XIX steht q meist bei HK.
Manche gleichwertigen Laa. könnten auf zwei Redaktionen, ver-
treten durch A und HKq, schließen lassen. – In XX muß A oft aus
E gebessert werden; es lassen sich jedoch keine eindeutig redaktio-
nellen Laa. erkennen – Noch schwieriger zu beurteilen sind ihrer Kürze
wegen die folgenden *Bispel*sprüche: in XXI und XXII stehen sich
die Gruppen AF und HK(h) gegenüber. In XXIII ist die Überliefe-
rung von A und HK gleichwertig, v. 8 (?) und 12 scheinen gemein-
same Fehler aufzuweisen. In XXIV stehen sich zwei Fassungen,
vertreten durch die Gruppen A²FE und A¹HK gegenüber, wobei *b*
eine Mittelstellung einzunehmen scheint. Die Gruppe A²FE vertritt
die bessere, A¹ die schlechteste Überlieferung.

Es läßt sich unter diesen Umständen schwerlich *ganz* auf eine
– wenigstens eklektisch vorgehende – Berücksichtigung *aller*
Textzeugen verzichten, insofern sie nicht, wie dies bei K und I[22])
der Fall ist, zur Herstellung eines kritischen Textes wertlos sind.
Aus der Handschrift K wurden deshalb nur Überschriften und
dergl. mitgeteilt, die Laa. von H können in unseren Texten die-
jenigen von K mitvertreten. Unberücksichtigt blieben für Text
und Variantenteil die jüngeren Laa. der Hss. F, I, L, c, *h* und *q*.
Nur in XI, XIX und XXI habe ich den Laa. der beiden letzteren
Handschriften und des Einschiebsels *ff* größeren Raum gelassen.

Obwohl der hier gebotene Text im Grundsätzlichen auf der
Leithandschrift A fußt, wurden doch die Mehrverse aus anderen
Redaktionen bei fortlaufender Zählung aufgenommen und sich
etwa daraus ergebende Konsequenzen in der Textgestaltung
durchgeführt[23]). Einfache oder doppelte (Auslegung + allge-
meingültiger moralischer Lehrsatz) Epimythia sind durch Ini-
tialen vom Übrigen abgehoben.

Bei der sprachlichen Gestaltung des Textes konnten die bairi-
schen Formen der Handschrift A[24]) nicht maßgebend sein. Unter
Ausscheidung graphischer Inkonsequenzen wurde normalisiert
und auch im Textinnern durch den Reimgebrauch gesicherte
Strickerformen eingeführt[25]). Metrische Glättungen wurden am
Text i.a. nur dann vorgenommen, wenn einer der Textzeugen
Entsprechendes aufwies. Dies und die Einführung von Stricke-
riana erfolgte regelmäßig ohne besonderen Vermerk im Varianten-
teil, der im übrigen so knapp wie möglich gehalten wurde. Der
Apparat verzeichnet also auch keine rein graphische Abweichun-
gen oder offensichtliche Verschreibungen, ferner auch keine
mundartliche Abweichungen von der konsequent durchgeführ-
ten normalisiert-mhd. Lautung oder von der entsprechenden
Stricker-Form.

---

[22]) S. Bibl. A 13 und A 14.   [23]) Vgl. z. B. XV, v. 30 ff.
[24]) Vgl. F. Brietzmann, a. a. O. (Bibl. A 7).   [25]) S. Bibl. A.

Bibliographische Hinweise

A. Überlieferung und Sprache

1. *K. A. Hahn*, Kleinere Gedichte von dem Stricker, Leipzig
   1839 (= Bibl. d. ges. dt. Nat. Lit. 18), S. IX ff.
2. *K. Bartsch*, Karl der Große von dem Stricker, Leipzig 1857,
   S. LI ff.
3. *H. Lambel*, Erzählungen und Schwänke, Leipzig 1883, Wort-
   register.
4. *L. Jensen*, Über den Stricker als Bispel-Dichter. Diss. Marbg.
   1885, S. 46 ff.
5. *G. Rosenhagen*, Untersuchungen über „Daniel vom Blühen-
   den Tal" vom Stricker, Diss. Kiel 1890.
6. *K. Zwierzina*, Mittelhochdeutsche Studien, ZfdA 44 (1900),
   S. 1–116; 249–316; 345–406. ZfdA 45 (1901), S. 19–100;
   253–419.
7. *F. Brietzmann*, Die böse Frau in der deutschen Literatur des
   Mittelalters, Berlin 1912 (Palaestra 42), S. 49 ff.
8. *A. Blumenfeldt*, Die echten Tier- und Pflanzenfabeln des
   Strickers, Diss. Berlin 1916 (Teildruck), S. 13 ff.
9. *A. Schirokauer*, Studien zur mhd. Reimgrammatik, PBB 47
   (1923), S. 1 ff. (passim).

10. *K. Zwierzina*, Beispielreden und Spruchgedichte des Strik-
    kers, Mhd. Übungsbuch hrsg. von C. von Kraus, Heidelberg
    1926², S. 279 ff.
11. *K. Waelzel*, Reimwörterbuch und Verzeichnis der Reimwör-
    ter aus „Daniel von dem Blühenden Tal" und dem „Pfaffen
    Amis" (= Münchener Texte, Erg. R., Heft 7), München 1926.
12. *M. Maurer*, Die Frauenehre von dem Stricker, Diss. Frei-
    burg 1927, Reimwörterverzeichnis, S. 47 ff.
13. *K. Zwierzina*, Die Kalocsaer Handschrift, in: Festschrift
    M. H. Jellinek, Leipzig 1928, S. 209 ff.
14. *Ders.*, Die Insbrucker Ferdinandeumhandschrift kleiner mhd.
    Gedichte, in: Festgabe Samuel Singer, Tübingen 1930,
    S. 144 ff.
15. *G. Eder*, Die Reimverhältnisse im Karlsepos von dem
    Stricker, Diss. Wien 1952.
16. *H. Niewöhner*, Strickerhandschriften, PBB (Halle) 77 (1955),
    S. 495 f.
17. *U. Schwab*, Die bisher unveröffentlichten geistlichen *Bispel*-
    reden des Strickers, Göttingen 1959.

B. Gattungsfrage und literarhistorische Einordnung

(Untersuchungen, die sich auf die Tierfabeln des Strickers be-
schränken, fehlen)

1. H. Naumann, Reallexikon I¹ (1926), S. 145 f und Ed. Neu-
   mann, ibd. I² (1958), S. 179 f; H. de Boor, ibd. III¹ (1929),
   S. 252 f.
2. *A. Blumenfeldt*, s. o. (A 8), Teil II, Kap. 1: Stil der Tier- und
   Pflanzenfabel des Strickers; Kap. 2: Die Ethik der Fabel-
   gruppe. (Ungedruckt).
3. *A. Schirokauer*, Die Stellung Äsops in der Literatur des
   Mittelalters, in: Germanistische Studien, Hamburg 1957,
   S. 403 ff.

4. *S. Sudhof*, VfL V, Sp. 1071.

5. *U. Schwab*, Zur Interpretation der geistlichen *Bispel*rede, Annali dell'Instituto Universitario Orientale di Napoli I (1958), S. 153 ff.

6. *Dies.*, Beobachtungen bei der Ausgabe der bisher unveröffentlichten Gedichte des Strickers, PBB (Tüb.) 81, S. 61 ff.

I

Der Hahn und die Perle

Vor einem stadele da man drasch,
da gienc ein hane durch genasch
und warp als er kunde.
do er scherren begunde,
5   do vant er in kurzer stunt
einen wol getanen funt:
einen schœnen mergriezen.
„möht ich din iht geniezen“,
sprach er wider sich selben do,
10   „so wære ich din harte fro.
wære dir iemen zuo komen,
dem du möhtest gefromen,

Ed. Nr. 59 = A 69. *H* 171. *K* 163. *F* 11. *N* 31. *E* 25. – *Überschrift:*
Von ainem hann der ain mergriesen vand *F*, Võ einē hanen *E*, Ditz
ist von einem hane ein mere Got helfe uns vil gewere *H*, Ditz ist des
hanen mere Daz lert uns der strickere *K, fehlt AN.–Abschnitte:* 19 *HKE*,
24 *E*.

1. Von *H*. do *E*.   2. Do *E*. gieng = *N*. durch sin g. *E*.   3. er
da *H*. 4. zu scherren *H*, do scharren *N*, chratzen *AF*.   5. Doch *F*.
zů den selben stůndē *N*.   6. Wi der erden unden *N*. harte wol get.
H.   9. zʉ im selben *E*.   10. din von schulden *H*, wol võ schulden
N. 11. ettewer *HNE*.   12. wol mohtest *H*.

dem wære wol mit dir geschehen.
nu han ich kürzliche gesehen:
15   weder ich enmac din
niht geniezen noch du min.
des bistu hie ze mir verlorn,
ich næme für dich ein haberkorn."
Der hane gelichet einem man,
20   der beidiu wil unde kan

[53ᵣᵃ]   tumpliche werben
und wænet doch niht verderben.
kumt er den mergriezen ane,
er lat in ligen als der hane.
25   waz sint die mergriezen?
diu wort, der wir niezen
gegen gote und nach den eren.
beginnet man in leren,
wie er werben solde,
30   ob er sich lieben wolde
beidiu gote und den liuten,
so mac man imz iemer diuten,
e er sich dran iht kere.
des effet er sich sere,
35   der den wisheit leret,

---

13. mit dir wol *F*. wol *fehlt A*.   14. gesehen *AFE*] ersehen *NH*.
15. Weder ich *NE*] Daz ich *AF*. mac *E*. Dunen macht niht geniezzen
min *H*.   16. Geniessen niht *F*. So mag ich niht geniezzen din *H*.
19. Dem hanē glichet sich ein *N*.   20. D. gerne wil *H*, D. vil gern
wil *N*.   21. Vil t. *NH*.   22. Vñ wil *E*. doch noch niht *N*.   23. den
AH] die *EN*, dann *F*.   24. in *AF*] sie *EHN*. alsam *E*, als ouch *H*.
25. Waz glichet sich der *N*, Waz gel. dem *H*.   26. Daz tūnt di (di
fehlt H) w. *NH*.   27. und auch *F*, vnd gegen *H*,
und gein *N*.   28. in] dē tumben *N*.   29. leben *N*.   31. vnd auch
NH.   32. Man magez im *NH*, Das mag man im *F*. imm' *EH*, lange
N, vil *F*, *fehlt A*. bedeutten *FN*.   33. E daz er *E*. dran = *H*. iht
fehlt E.   34. Da von *N*.   35. Swer *NH*.   35.36. lerte: kerte *H*.

der sich an die rede niht keret!
swer niht wisheit wil pflegen,
fünde er si ligen an allen wegen,
er möhte ir niht me niezen
40 denne ouch der hane des mergriezen.

---

36. dar an niht *N*. 37. der w. *N*. 38. ligent *H*. an allen *NH*]
uf allen *E*, anden *AF*. 39. Ern *N*. ir *fehlt N*. geniezzen *alle*. 40.
Denne ouch *A*] Denne *EH*, Denn als *F*, Wann° alz *N*. des *EF*] der
ANH.

II

Der Rabe mit den Pfauenfedern

[70vb]   Ein rabe quam an ein gras,
             da vant er daz im liep was:
             pfawenvederen ein michel teil.
             des wart er fro unde geil.
[71ra]   5 die stiez er alle ane sich,
             do wart er harte wünneclich
             und gie, da er sine gnozen vant.
             zuo den sprach er zehant:
             ,,nu sehet, wie rehte schœn ich bin!
      10 ez wære ein michel unsin,
             daz ich mit iu solde umbe gan:
             ir sit so übele getan!

Ed. Nr. 87 = *A* 103. *H* 170. *K* 162. *E* 4. *F* 19. *B* 19. – *Überschrift:*
Ditz ist des Raben mere Got bv̊zze uns unser swere (mer Daz sagt
uns der stricker *K*) *HK*, Diz ist von einē Rappen *E*, Daz mer von dem
rappñ *B*, Wie ain rab pfawen federn an sich tett die ropften im die
pfaben wider aus *F*, *fehlt A.–Abschnitte:* 13 *E*. 41 *EHK*.

  1. rappe *E*, rapp *B*. kam geflogen *E*. auf *B*.   2. Do *AE*.   3. ein
vil m. *A*.   4. Daz dovcht im (in) ein vil grozez (ain groz) heil *HB*.
5. alle *fehlt B*. 6. harte] gar *B*. wunderlich *F*. 7. do *H*. sin gn. *AB*, sine
gen.*HE*, sein genos *F*.   8. sa zů h. *E*.   9. Seht wie schône i. b. *HB*.
10. Das w. *F*.11–14 *fehlen AEF*.   11. sol *B*.   12. so gar gråwleich *B*.

ich sæhe iuch alle tœten,
e ich mich des liez nœten,
15 daz ich mit iu solde sin:
dar umbe spottete man min!"
alsus wart im dannen gach
und quam vil schiere dar nach
da in die pfawen sahen,
20 die begunden dar gahen.
swelchiu ir vederen da gesach
diu gie dar unde sprach:
„disiu veder diu ist entriuwen min!
sine sol niht langer bi dir sin,
25 weizgot, du læzest si mir!"
do zucte ir ieslich die ir,
unz er wart swarz alsam e.
do wart im zweier dinge we:
daz im die vederen warn genomen
30 und ouch niht wider getorste komen
zuo andern sinen gnozen:
er vorhte spot grozen,
den wolde er niht liden
und begunde si durch daz miden
35 und meit si ein vil lange zit.

---

13. 14. *hinter* 15. 16. *B*.   13. Ich wolt ew all lazzñ *B*.   14. benöten *H*.   15. Ob ich *B*. nu mit *E*. icht pei ew *B*. wolde *HB*.   17. Im wart *B*. von dannen *HB*, von in *EF*.   19. Do *E*.   20. z⁊ im *E*. 21. Swelch *A*, Swelher sin *EBF*. do *E*. sach *HEB*.   22. Der *EB*. lief in an *HB*.   23. Die *E*. diu *fehlt HBEF*. etwen *F*.   24. Sie sol *EB*, Du sollt *F*. mit dir niht lenger *H*.   25. 26. Sin veder zukt er im do Jeglicher tet im also *E*.   25. Du lezzest si werlichen m. *H*, Du must sei lazzñ m. *B*. læst *A*, last *F*.   26. Da *B*, Also *AF*. zuhte *A*, zeucht *F*. ir *fehlt AF*.   27. Untz daz *H*, Hintz *B*, Biz *E*, Daz *F*. swartz wart als *H*.   28. Da *FB*, Des *E*. was *HB*.   30. öch *fehlt HB*. wider *fehlt AF*. torste *AF*. bechomen *A*.   31. Zu *alle*.   32. Da vorcht er *HB*. den sp. so gr. *E*.   33. Den er da müste *E*.   34. Er *B*. darumbe *F*, *fehlt B*.   35. mert sich *H*. e. vil l. *AFE*] öch e. l. *H*, lang *B*.

iedoch erbaldete er sit
und gie bliucliche dar.
do si sin wurden gewar,
si sprachen alle: „kumest du?
40 wa sint din schœne vederen nu?"
des fragten si in alle
und brahten in so ze schalle,
daz im lieber wær geschehen,
hæt er die vederen nie gesehen.
45 Alsus tuot ein betrogen man:
und kumet in ein gwalt an,
so vert er mit schalle
und versmæhet die alle,
den er e was gelich
50 und machet sin dinc so herlich,
daz er des selbe wænen wil,
daz niemen tugende habe so vil
als er habe an sich geleit,
[71ʳᵇ] und machet mit siner betrogenheit,
55 wenne im der gwalt wirt benomen
und er uz dem schalle muoz komen,
die in e vil gerne sahen,

---

36. er sich sit *E*.   37. g. vil bl. *HB*. blodiclichen *H*, bâldicklichen
F, baltlichen *A*.   38. Da *AF*. wrden sin *AF*, des wurden *HB*. alle
gew. *E*.   39. Do sprachens *H*, Do komens *B*.   40. die schonen *H*.
41. 42. *umgestellt B*.   42. in *fehlt H*. so *fehlt BF*.   44. Er hette die *F*.
45. Alsus *A*] Also *übr*.   46. Kumt in *H*, Chumt den *B*, Sweñe in
kumt *E*.   48. danne die *E*.   49. vor was *E*, was ee *F*, doch e was *H*,
doch waz e *B*.   50. sin dinc] sich doch *F*. so nôtlich *E*.   51. des
fehlt AFE. selber *F*, selbñ *B*.   52. Daz got tugent an nieman also
vil *E*. so *fehlt F*.   53. So an in habe *E*. Sam *H*. hat *F*. an sich hab
B. gelit *A*.   54. So machet in sin *E*. *Hinter* 54: Daz im di lûte vint
sint Des ist manig' an den augen blint Uñ weiz niht reht waz er tût
Hintz er vellet in die glût *E*.   55. Swenne *AH*, Daz *E*. im sin *E*. ge-
nomen *F*.   56. Uñ auch wider uz *E*. zv dem *F*.   57. Aber die *E*. e *AF*]
do e *E*, da vor *H*, da *B*. vil *fehlt EF*.

sæhen si in danne hahen,
dar umbe lobten si alle got.

60 so muoz er iemer ir spot
liden unz an sinen tot.
daz erholt er allez ane not!
des ist er tump der sich so traget,
daz niemen sinen schaden klaget.

58. Die begynnent in v'småhen *F*. Uñ sehen in die *E*.   59. 60.
61. *umgestellt zu* 60. 61. 59. *F*.   59. Dor ûm so *E*, So *F*. alle *fehlt*
HB.   60. denne imm' *E*. ir *fehlt B*.   61. hintz *EB*.   62. *fehlt F*.
erholt] beiaget *HB*. allez *fehlt A*.   63. Der eren der er het beiagt *E*.
Da ist tumb *B*, Er ist tumb *F*. wer s. betr. *H*. betraget *H*, betraitt
F, beiagt *EB*. *Hinter* 64: Ein man der weise list wol kan Pehaltñ ain
yegleichñ man Mit sein' zucht mit sein' tugñt Daz frumt im in sein'
jugent Daz merk ain yegleich man Daz er den rat behaltñ kan Hie
hat ain end daz mer gut Got wend ûns allñ v̂bermut *B*.

III

Der Käfer im Rosenhaus

[27vb]

    Ein kever der was goltvar,
do nam er eines huses war,
daz siner schœne zæme:
in duhte, swie genæme
5 ein hus wesen möhte,
daz er wol drinne töhte
ze herren und ze wirte,
wan in des niht enirte
weder sin muot noch diu zit –
10 do wart sin umbesuochen wit,
unz daz er eine rosen vant.
da duhte in schiere bekant,
daz er nu funden hæte
ein hus, dar er inne stæte
15 vil gerne beliben solde,

Ed. Nr. 19 = *A* 38. *B* 17. *I* 18. *H* 141. *K* 133. – *Überschrift:* Daz
mēr von dem kefer *BI*, Ditz ist vō einē goltvarn kever san Der sich
gelichet einer vrowē wol getä *HK, fehlt A.-Abschnitte HK* 51, *K* 81. –
2. Der nam ains *BI*. 3. gezëme *BI*. 4. wie gar gename *BI*. 5. so
wesñ *BI*. 6. Daz er welt uñ im tocht *BI*. 8. irte *BI*. 10. Da *A*.
11. Hintz er *BI*. ein *alle*. 12. Do *H*. wart im *BI*. 13. nu *fehlt BI*.
14. dar inne er (inner *H*) *HBI*.

daz wær reht als er wolde.
diu rose hate sich ingesmogen
und hate diu bleter zuogezogen
(wan si des touwes anehanc
20 und ouch küeler abent twanc),
des was si sinewel und sinhol.
do was der kever freuden vol,
daz er so wunneclich gemach
nach sinem willen ie gesach.

[28ʳᵃ] 25 er saz mit hohem muote drin,
im gie diu naht mit fröuden hin.
in duhte e noch sit
nie so süeze dehein zit
als in diu naht duhte,
30 unz in der tac beluhte.
do diu sunne hohe quam
und si den tou abe genam,
do wart ir schin so groz,
daz sich diu rose uf sloz
35 und ir bleter elliu nider hienc.
dar nach vil schiere uf gienc
ein wolken harte swinde
mit einem vil starken winde,
der tet der rosen manigen stoz;
40 sin weiben daz wart so groz,
daz si diu bleter muose lan;
er begunde ir also zuo gan,

---

16. was rehte *A*.   17. sich entsmogen *H*.   19. anevanc *AH*,
anphant *BI*.   20. ouch *fehlt BI*. ein kv̆ler *HBI*.   21. Daz si waz
BI. und hol *HBI*.   22. freunden *A*.   23. wunnikleichñ *BI*.   25.
Er sach *A*.   27. ouch e *H*.   28. Nie sûzzer *BI*. 30. Hintz im d.
t. lawchte *BI*.   31. 33. Da *A*.   hoch uf *H*, auf *BI*.   34. Daz in des
verdroz *BI*.   35–40 *fehlen BI* (*in der gemeinsamen Vorlage fehlte auch*
34).   40. Sin wæn *A*. also *H*.   42. 43. Diu hitz pegund ir zu gan Uñ
der wint die pletˋ ab genam *BI*.

unz er irs elliu benam.
war ir deheinez hin quam,
45 des enwart der kever niht gwar:
er gesaz ir aller samt bar,
im enwart niuwan der bloze dorn.
also hate er gar verlorn
den gemach, des er da hate gegert,
50 des was er tore vil wol wert.
Als dem keveren geschach,
der niht wan an die schœne sach,
also geschiht noch einem man,
der niht an wiben sehen kan
55 wan beidiu schœne unde iugent
und enwartet nie deheiner tugent.
dem wirt von rehte niuwe
beidiu scham und afterriuwe,
swenne er sich an si verlat
60 durch die schœne die si hat.
hat si denne tugende niht
wan die drie die er da siht:
schœne, iunc und wolgeschaffen,
des wirt er ze einem affen
65 daz er da stæte wænet han.
so beginnent diu wolken uf gan:
daz ist ir unstæter muot
der im vil leide getuot;

[28rb] der beginnet denne wanken
70 mit so valschen gedanken,

---

43. Daz ers ir *H*.   45. wart *BI*. nie *BI*.   46. samt *fehlt BI*.   47. wart *BI*. dʼ rosñ dorn *BI*.   49. er do gert *BI*.   50. der tor *BI*. gewert *H*. 51. Als nu *BI*.   52. die schön an *BI*, an *fehlt A*.   53. 54. Also mvz noch einem man geschen Der niht an wiben kan gesehen *H*.   54. niht *fehlt BI*.   56. enwartet niht *H*, niht gewart *BI*.   57. vil recht *BI*. 58. Bede *A*, Beide *HBI*.   62. dri *H*, tugñt *BI*.   63. jugnt *BI*.   65. da *fehlt BI*.   68. Der in *H*. tut *BI*.

daz alle ir ere vellec sint.

dar nach kumt der starke wint:

diu werc, diu der gedank birt.

als er mit laster inne wirt,

75   daz er an der schœne hat verlorn

und oben uf der schanden dorn

als ein tore ist gesetzet,

an eren gar geletzet,

so muoz er danne selbe jehen,

80   daz im als dem kevern ist geschehen.

Swer als der kever wirbet,

ob des gewerft verdirbet,

diu klage hat vil rehten ton:

toren werc und toren lon,

85   die stant gefuoge einander bi.

swie schœne ein bœse wip si,

er koufet ir schœne sere,

der ir groze unere

beidiu wizen und liden sol!

90   doch gan ich einem toren wol:

swa er in schanden wirt gesehen,

da ist im toren reht geschehen.

ein schœne wip an ere,

diu enhat niht lobes mere,

95   wan als diu schœne bluome hat,

diu uf einer grozen kroten stat.

71. velslich *A*.   72. starch *ABJ*.   73. enbirt *A*, birst *H*.   74. Daz er *BI*.   77. tor *alle*.   78. gar] ist er *BI*.   79. danne *fehlt BI*. 80. ist alz dĕ kefer *BI*.   91. Swaz er *H*.   92. Do *H*. im] aim *BI*. der t. *H*. rehte *A*.   93–96 *fehlen hier in HK, sie bilden (wohl ursprünglich) den Schluß der Ed. Nr. 62* = *A* 72. *H* 142. – 93. ane *A*. 94. Div *BJ*.   96. auf ainem dorn *BI*.

IV

Der Wolf und das Weib

Eines nahtes do daz liut slief,
ein wolf in ein dorf lief
und suohte sine spise
in eines diebes wise,

5   als noch sine glichen tuont.
für ein hus er gestuont
und gedahte nach gewinne.
do horte er ein wip inne,
diu hate ein weinendez kint;

10 sin muoter sprach: ,,des erwint;
ode ich trage dich hin für:
da stat ein wolf an der tür,
dem wirf ich dich iezuo dar!"
des nam der wolf guoten war.

Ed. Nr. 38 = A 52. M 36. V 36. H 161. K 154. q 4. – Überschriften:
Swer bite daz betlich ist D' wirt gewerte zemanig' vrist *M*, Ditz ist
von dem wolfe ein mer Daz leret uns der stricker *HK, fehlt Aq.* –
Abschnitt: 59 HK. –

1. Dez *MV*.   5. sein genoßen *q*.   6. Vor einem haus *MV*. huse *A*.
er do stunt *Hq*.   7. daht *V*.   8. dar inne *MV*.   10. Do sprach sin
(di *MV*) m. *HqMV*.   11. trag *Aq*.   12. Do *HV*. vor der *q*.   13. wirfe
AM, würff *q*.   14. gut *qMV*.

15 frœliche er umb sich sach
und wande alwar, do si sprach:
„nim, wolf, ditz kind hin!"
daz tet si niht wan durch den sin,
daz ez durch vorhten geswige.

20 nu seht, wes sich der wolf zige,
des er sich selben afte
und gein dem kinde kafte,
unz daz der tac uf brach.
der erste, der in do gesach,

25 der tetz den geburen allen kunt.
do quam manec gebur und manec hunt
umbe den hof und dar in;
do wære der wolf gerne hin!
ez begunde im übel da behagen:

30 er wart gebizzen und geslagen,

[38ʳᵇ] daz er vil kume danne quam
und da sin ende niht ennam.
er lief da er sin wülpen vant.
diu begunde in fragen zehant,

35 waz im leides wær geschehen.
er sprach: „des wil ich dir veriehen,
des enist ouch widerrede niht.
mir ist geschehen als den geschiht:
swer den wiben ze verre geloubet,

40 der wirt siner sinne beroubet."

---

15. sich *fehlt q.*   16. do] daz *MV.*   17. Nima *H.* daz *MV.*
18. niht *fehlt MVq.* durch] uf *MV,* umb *q.*   19. durch di v. *MV.* for-
sten *A.*   20. geczig *q.*   21. Dʻ er *A,* Daz er *HqMV.*   23. 24. *ver-*
tauscht A.   23. Biz daz *q,* Do *A.* gebraᶜʰ *A.*   24. do *fehlt MV,*
da *H.* ersach *MV,* sach *H.*   25. tetz = *q.* allen *vor* den *H.* paŭren
q, leutē *MV.*   26. Da *q.* manich man und hunt *Hq.*   28. gern
AqMV.   29. da *fehlt q.*   31. denne *M.*   32. enmä *A,* nam *Mq.*
33. sine *A.* wlpen *A,* weib *MV.*   36. iehen *V.*   38. den *AH*] dem *qMV.*
40. wirt] ist *HqMV.*

daz sprach der wolf durch den zorn:
er hæte nach den lip verlorn!
Ez mac ouch dem wol sin gelich:
ich wæne wol ich effe mich,

45 muote ich des an einen fremden man
der min niht vil geniezen kan,
daz er gerne unde drate
sinen friunt gein mir verrate.
daz ist ein klein wunder,

50 ergat ez mir dar under,
als ez dem tumben wolf ergie,
do man in vaste umbe vie,
und er vil kume danne quam
und da sin ende niht ennam

55 und kume behabte sinen lip,
durch daz er wolde, daz im ein wip
ir eigen kint hæte gegeben:
daz gie im nahen an daz leben!
Ein man sol beteliche gern,

60 den mac man deste baz gewern.
swer unbeteliche gert,
der hat sich selben gar entwert.

---

41. wolf *fehlt A*.   42. Der *H*, Wan er *q*.   nahen *MVq*.   43. mage
A.   ouch *fehlt MV*.   dem wol sin *A*] dem wolfe sin *H*, wol sein dem *qMV*.
44. afte *MV*.   45. fremden *fehlt q*.   46. Des er mein *V*.   49. ein
chlein *AH*, auch kein *q*, niht ein *MV*.   50. besunder *MV*.   53. von
danne *MV*, dannen *Hq*.   54. nam *qM*.   55. behabte *HMV*] behielt
Aq.   56. im *fehlt MV*.   57. hete *H*, hiet *AMV*, sôlt *q*. geben *Mq*.
58. nach *H*.   60. So mag man in dest er *H*.   62. hat *fehlt A*. gar
fehlt H.

V

Der Wolf und die Gänse

[38rb]   Ein wolf der klagte groze not,
        daz er so dicke den tot
        mit sinen ougen ane sach.
        wider sich selben er sprach:
5   ,,daz ich so lange ie genas
        so unsælic so ich was,
        daz ist ein wunder gewesen!
        nu entruwe ich langer niht genesen:
        min unsælde hat zuo genomen,
10   unz ir zesamene ist komen
[39ra]   ein samenunge also groz,
        daz nie dehein min genoz
        so vil unsælde gewan,
        daz ich mich deheines tages kan
15   beschirmen vor der grozen not,
        mirn si der grimmige tot

Ed. Nr. 39 = *A* 53. *H* 188. *K* 174. – *Überschrift:* Ditz ist von dem wolfe vñ von den gensen ein mer Daz leret der stricker *H*, Dicz ist von einem wolfe und von den gensen ein hubsch m`e *K.-Abschnitte:* 55 *K*. 121 *HK*. 141 *HK*.

1. chlatte *A*.   2. si diche *A*.   5. so] sust *H*.   6. als ich *H*. 11. ist so groz *H*.   15. von *H*.   16. Mirn si *H*] mir ensei *A*.

als nahen sam daz leben.
deiswar, nu wil ich uf geben
beidiu steln unde rouben
20 und wil mich gar gelouben
aller slahte untriuwen
und wil mich lazen riuwen
des ich mich e underwant
und wil mich heben in ein lant,
25 da man mich niene gesach,
noch niemen leit von mir geschach;
da wil ich als ein schaf gan
und wil so guote site han,
daz diu liut alle müezen jehen,
30 si haben so guotes niht gesehen.
so denne da über daz lant
min stætiu güete wirt erkant,
so werdent si mir also guot,
daz man mir leides niht entuot
35 und lazent mich an alle not
leben unz an minen tot."
als er gedahte disen list,
do sumt er ez deheine frist,
er kerte von danne zehant
40 und huob sich in ein ander lant:
dane wold er rouben noch steln
und enwolde sich niht langer heln
vor pfaffen noch vor leien.
ditz was in einem meien:
45 do quam er da ein grüene gras
wünnecliche entsprungen was

---

17. Also *H*. sam *A*] so *H*. 23. Daz ich mir ie *H*. 25. nie me *H*, nie mer *A*. 26. mir *fehlt A*. 28. gut sit *A*. 30. sinen h. *H*. 31. da *fehlt A*. 32. wir *A*. erchant *A*, bekant *H*. 35. lant *H*. 38. Do ensûmet *H*. dehein *A*. 42. Vñ *A*, Noch *H*. 43. Weder vor *H*. 44. Daz *H*. 45. do *H*.

dar under bluomen unde kle:

zwei hundert gense ode me

die waren an daz gras getriben

50 und ane huote beliben.

zuo den gensen wolde er gan

und wolde si mit fride lan,

daz er ouch fride hæte,

so er niemen niht entæte.

55 die gense waren junc und alt.

do waren die alten so balt

[39rb] durch der jungen gense liebe,

daz si dem alten diebe

niht vertruogen disen ganc:

60 si macheten die kragen lanc,

si liefen dar und bizzen in.

also wart er vone drin

vil übelliche enpfangen.

si begunden an im hangen

65 und sluogen in mit dem gevider.

do entet er anders niht da wider

wan daz er daz houbet nider hienc

und bi in als ein tore gienc.

do ersach in aber schiere

70 ander gense viere,

die liefen zornecliche dar.

do warn me denne zweinzec schar

der gense, die da giengen

und im alle samt gehiengen

75 in buch, in siten und in waden:

also wart er überladen,

---

49. warn *A*.   50. Uñ waren an *H*.   53. ouch er *H*.   54. tæte *A*.
57. der *fehlt A*.   60. den kr. *H*.   61. Si *A*] Uñ *H*.   62. von in *A*, von
drin *H*.   65. 66. gevid'e/wid'e *A*.   66. anders *fehlt H*. da *fehlt H*.
74. in a. s. geviengen *AH, Conj. von Zwierzina*.   75. vñ in die w. *A*.

18

wan er da wider niht enbeiz;
do wart den gensen also heiz,
daz si in bizzen deste me.
80 do tet im diu sorge we,
ob diu liute dar quæmen,
daz si im den lip næmen.
da wart ein solche gedense,
do im so vil der gense
85 gehiengen in siner hiute,
daz ez vil wol diu liute
in dem dorfe alle sahen:
do begunden si dar gahen.
do wolde er von den gensen gan
90 und enhæte in leides niht getan.
do hiengen si so vaste,
daz er von dem selben laste
von der stete niht mohte komen:
des hæten si im den lip benomen.
95 diu liute dar zuo liefen,
si schreiten unde riefen
ir hunden da mit grimme.
als er der selben stimme
und ouch der hunde wart gewar,
100 do gripfte er her unde dar
(so sere vorht er daz geschrei)
und beiz in die helse enzwei,
[39va] unz in deheiniu muote.
do gedaht er in sinem muote:
105 „ich sihe wol, ich bin genesen!

---

78. Des wart *H*. so *H*.   82. Da si *A*. im daz leben n. *H*.   83. Do *H*.
84. der *fehlt H*.   85. Gehangen an *H*,   89. Da *A*. 90. enhet *H*, hete *A*.
91. hangten sie so *H*.hiengen si sich so *A*. 93. stet *A*, stat *H*. 94. si *fehlt*
H. 95. dar *A*] die *H*. 97. dar *H*. 98. die selben *A*. 101. den schrei *H*.
103. nie deheine *H*. mv̂te *A*, enmvte *H*.   104. gemvte *A*.

ich möhte ouch ze guote wesen,
daz niht so bœses wære,
ezn würde mir gevære
und træte mich under füeze:
110 ez zimt niht mære süeze
weder iu noch anderm vihe:
swaz ich des iemer me gesihe
da ichz überwinden mac,
ez si sin jungister tac!
115 sit mir diu güete niht enfrumt
und mir diu übele ze staten kumt,
so wil ich iemer übel wesen,
sit ich des baz mac genesen!"
sus kerte er dannen balde
120 und huop sich hin ze walde.
Die rede wil ich iu diuten:
ez enist an allen liuten
niht ze tuone diu tat,
die der wolf getan hat.
125 ez ist iesliches mannes reht,
er si ritter oder kneht:
von den ez so gewant ist,
daz si deheine slahte list
baz nehilfet noch me,
130 so daz er in vaste wider ste
bi den er sich began sol,
dem kumt übele harte wol!
wil er den entwichen
den er vaste muoz gelichen

---

106. ioch *H.* zegvte *A*, so gvt *H.*   108. Ez *A.*   109. under
die f. *H.*   110. Ezn wirt niht me so sûze *H.*   112. me *fehlt H.*
113. Daz *H.*   115. niht en- *fehlt H.*   117. So *A*] Nu *H.*   118. des *H*]
deste *A.*   120. sich *H*] si *A.*   121. ᵇediuten *A.*   122. an *fehlt H.*
allen den *H.*   125. iegeliches mannes *A*, einem manne *H.*   127. Umb
den *H.*   128. Daz in *H.*   132. die vbel *H.*

135 mit widersatz und mit vientschaft –
si gewinnen über in so groze kraft,
als ouch die gense taten,
do si dem wolfe haten
vil nach verloren sin leben.

140 daz er in fride hate gegeben,
daz rou in dar nach iemer me!
Swes dinc ze widersatze ste,
der setze sich hin wider e,
e daz ir wille an im erge

145 die im sin ere næmen,
daz si in überquæmen.
Lit ein man mit eren tot,
daz ist ein löbelicher not,

[39vb] denne er sin ere uf gebe

150 und dar nach lasterliche lebe:
so er vil schande erwirbet
und in den schanden stirbet –
man enwelle ez danne verkeren –,
so læge er baz mit eren.

---

135. mit *fehlt* A.　136. Si A] So H. gewinnent H.　138. den
wolf H.　140. Daz er H] Do er A.　145. ere wellen nemen A.　146. E
daz si A, Ob si H.　148. loberlicher A.　151. schanden H.

VI

Der Wolf und sein Sohn

[39vb]

Ein wolf ze sinem sune sprach:
„ich han so grozen ungemach
der mir an min herze gat:
des hæte ich gerne dinen rat
5 umbe ein heimeliche not,
diu ist noch grœzer denne der tot.
ich han mit armer liute schaden
sünden vil uf mich geladen
noch me denne ein michel teil
10 und han daz ewige unheil

Ed. Nr. 40 = A 54. H 189. K 175. B 41. I 38. E 50. c 31. – *Über-schriften:* Hie ist wie ein wolf waz Der einen esel vur einen krebz az *H*, Hie gaz ein wolf einen esel vur einen krebsz *K*, Von einem wolfe *E*, Ain mer von dem wolfe *BI*, Von dem wolff seinem sun vñ von dem krebs *c, fehlt A.-Abschnitte:* 23 *HKE*. 30 *E*. 47 *E*. 63 *BI*. 70 *E*. 91 *E*. 103 *E*. 122 *E*. 133 *BI*. 159 *HKEcBI*.
1. sun *AHc*, kinde *EBI*.   2. so grozen *A*] ein solche *H*, ein sôlichz *Ec*, ain solhñ *BI*.   3. Der *ABI*] Daz *HE*, Daz ez *c*.   4. Ich het sein *c*. Des *AH*] Nu *EBI*.   5. heimlichiv *A*, heimlich *übr.*   6. Dŭ mich besweret als der (auf den *BI*) tot *EcBI*. der *fehlt A*.   *Hinter* 6: Die wil ich dir entsliezzen Uñ (Nu *cBI*) la mich des geniezzen Daz unser trûwe groz sint Nu rat mir wol min liebez kint *EcBI*.   7. han mich mit *BI*.   8. Vil sûnd *BI*, vil *fehlt H*.

miner sele gekoufet:
diu muoz iemer sin besoufet
in dem ewigen abgründe,
ichn gebüeze mine sünde.

15 des han ich groze riuwe,
diu sol ouch iemer niuwe
mit guoten werken schinen.
ich wil den lip minen
vor deheiner buoze sparn;

20 ich wil in also harnscharn,
daz got an der riuwe
wol schouwe mine triuwe."
der sun sprach: „lieber vater min,
da sint dine witze schin!

25 ich hœre vil wol ane dir,
dir ist ze muote alsam mir:
mine sünde riuwent ouch mich,
nu bistu alter danne ich:
ich wil den rat von dir vernemen."

30 „da sul wir die kerrin nemen!"
so sprach der alte zehant.
„des wirdestu von mir niht gewant",
sprach sin sun der junge,
„ich hœre wol, din zunge

35 diu wil ze minem trehtin."
zehant wart diu kerrin
genomen von in beiden,

---

12. Daz muz *BI*. iemer *fehlt c*.   13. In daz a. *EBI*, In d' helle a. *c*.
14. Ich en- *A*, Ich *EcBI*. geb. deñe *Ec*.   16. ouch *fehlt Ec*.   22. Wol
sihe *EBI*.   24. Daran *EBI*. din *AEcBI*.   25. vil *fehlt EcBI*.   26. al-
sam *A*, als *übr*.   29. den *fehlt BI*. nemen *BI*.   30. Wir süln kerrin
EBI.   31. 32. *fehlen A*.   31. So *fehlt EcBI*. a. wolf *EcBI*.   32. wirt
n. *BI*. nit von mir *E*, nicht *BI*.   33. Do sprach *AcBI*. sin sun
fehlt BI.   35. Geleicht sich d' meinen *BI*. Diu *fehlt Ec*.   36. Sus *HE*,
Also *c*, Do *BI*.

sus wolden si sich scheiden
von dem ewigen slage.

40 unze hin ze mittem tage,
doz enbizzens zit was,
do begunden si an ein gras

[40ra] ze einem wazzere gan;
da sahens einen esel stan

45 bi dem wage und ezzen –
des hate got vergezzen!
des wart der alte wolf gewar
und zeigte sinem sune dar.
er sprach: ,,siha, sun min,

50 uns enwil min trehtin
darumbe niht verderben lan,
daz wir daz fleisch versprochen han:
den krebzen hat uns got gesant
her uz dem wazzer an daz lant.

55 ich gesach nie krebzen merre.
got ist ein rehter herre,
daz er uns berætet so fruo!
nu louf du wazzers halbe zuo,
daz er inz wazzer iht envar –

60 so nim ichs veldeshalben war.''

---

38. Und w. *HEcBI*. si *fehlt EcBI*. sich do *BI*.   40. Hintz gein m.
EBI. 41.Daz *A*, Dazez *E*, Da ez *c*, Do *BI*.ezzens *BI*. 42.komen sie *EcBI*.
auf *BI*.   43. einen *A*.   gegan *EcBI*.   44. Do *EI*. sahens = *BI*.   45. einem
AH. wage *H*] wege *A*, wazzer *EcBI*. und *fehlt cBI*.   46. got da *E*.
47. Der alt wolf wart sin *EcBI*. 48. Sinem sun zeiget er d. *A*. Uñ
Hc] Er *EBI*.   49. sihe an *A*, sich *H*, warta *Ec*, wart *BI*.   50. Un-
serre wil *H*, Uns wil *EcBI*.   min] unser *EcBI*.   52. daz *fehlt EBI*.
53. Den *A*] Jenen *H*, Einen *EcBI*. chrebzem *A*, krebz *übrige*. er uns
EcBI.   54. Her *fehlt EcBI*.   55. Ichn *H*. geschach *A*. chrebzem *A*,
krebez *H*, krebz *übr*.   57. beratet ûns *BI*.   58. Louf du *Kc*, Laufa *HE*,
Lauf *BI*. wags halb *EcBI*.   59. in daz w. *HEcBI*, in w. *A*. niht
H, iht *vor* in d. w. *EBI*. envar *A*] var *übrige*.   60. ichs = *A*. v. hal-
bes *A*, v. halp *EcBI*.

den rat lopten si do.
des wart der esel vil unvro:
den erbizzen si und azen,
daz si niemen entsazen

65   und wanden wol sin genesen,
wan ez ein krebze solde wesen –
also si beide jahen,
swie wol siz doch ersahen
uzen an siner hiute!

70   do warn ir diu liute
vil wol worden gewar:
die riten unde liefen dar,
so si aller baldest kunden
wol mit zweinzec hunden.

75   do si begunden nahen
und daz die wolve sahen,
zehant fluhen si von dan:
nu schrei man si vaste an,
den hunden wart unmazen gach,

80   diu liute ranten vaste nach.
do daz der alte wolf ersach,
ze sinem sune er do sprach:
„sagan, min trutgeselle,
waz bediutet daz geschelle?

85   ich wæne, wir haben missetan
dem krebzen den wir gaz han –

---

62. vil *fehlt* H EcB I. 63. Sie erbizzen in *EcBI* 64. niemen] in niht
EBI, sich niht *c*. 65. in wol sin gewesen *EBI*. 67. Als *EBI*, So *Hc*.
beidesamt *H*, peyde da *c*. 68. siz = *A*. versahen *Hc*, sahen *AEBI*.
69. an der *EcBI*. 70. Nu *EcBI*. ir] ez *E*. 72. Sie *EcBI*. 73. aller
beste *A*, baldest *EBI*. 75–78 *fehlen EcBI*. 77. Zehant] Du *A*.
78. Do *H*. 79. was *EcBI*. unmazzen *A*, gar *H*, vil sere *E*, vil *BI*,
sere *c*. 80. vaste *fehlt H*, alle *E*. 83. Warta *EcBI*. min *fehlt EcBI*.
84. deutet *HB*. ditz *H*. 86. Dem chrebzen *A*, Den krebez *H*, Den
krebz *EcBI*. gezzen *EcBI*.

daz mohte wol ein esel sin!
daz ist an disem liute schin,
[40rb]   daz uns so freisliche jaget!"

90   "daz hæt ich dir vor wol gesaget",
so sprach der junge, sin kint,
"wan daz din witze grœzer sint
und ich dir wol gelouben sol!
ich erkenne einen krebzen wol:

95   der ist so groz niht so ditze was
und gat so niender an daz gras!"
er sprach: "nu warte hinder dich,
du gesihest michel baz denne ich,
wie uns die hunde meinen;

100   und la ir niender deheinen,
dune sagest mir rehte, waz er tuo:
dar nach rate ich uns dar zuo."
do ditz der junge gesach,
zuo dem alten er do sprach:

105   "si bellent mit schalle
und sterzent uf alle
die zagel und ouch diu houbet.
die habent uns schiere betoubet.
ir ist ein vil michel her;

---

88. ist wol an den lawtñ *EBI.*   89. Daz si *BIc.* so faste nach *EBI.*
jagñt *cBI.*   90. hæt *fehlt A.* vor wol *c*] vil wol *AH*, wol e *EBI.*
91. So *fehlt EcBI.* der jung wolf sein *BI*, dez alten wolffes *c.*   92. Dan
daz *c*, Waz *BI.* din] dir *H*, *fehlt A.*   94. krebz *EcBI.*   95. Dern *H.*
nit so grôz *EBI.* so] als *Hc.* ditze] der esel *EBI.*   96. geet nit also *c*,
get auch so nit *E*, auch get er niht *BI.* uf daz *H*, uf dem *E.*   97. nu
warte *AH*]warta *Ec*, wart *BI.*   98. Wan du gesihest baz d. i. *EBI.*
100. lazze *A*, enlaz *H*, enlazze *E.* ir niender] ir auch *c*, auch ir *E*, auch
BI.   101. Du *EcBI.* sehest *EBI.* mir *fehlt EcBI.*   102. Dar nach so
EBI. ich auch d. z. *E*, auch d. z. *BI.*   103. Do daz *EcBI.* besach
EBI.   104. do *fehlt H.*   107. ouch *fehlt EcBI.*   108. Sie *EBI*,
Und *c.* hant *HE.* schiere *fehlt H.*   109. Wan ir ist *c*, Uñ ist ir *BI*,
Uñ ist ir deñe *E.* vil *fehlt EcBI.*

110 si erbizent uns wol ane wer!
    da loufent zwene vorne,
    ichn weiz weder von zorne
    oder wa von daz aber geschiht:
    die swigent unde bellent niht,
115 ir houbet henkent si nider;
    die andern habent alle wider,
    die zwene strebent für sich,
    ir gahen daz ist freislich!
    die zagel habent si in gesmogen,
120 als ein bolz von dem bogen
    also fliegent si her.‟
    „owe lieber sun“, sprach er,
    „die da loufent so swinde,
    daz sint zwene winde!
125 die zwene die sint unser tot.
    nu solt du fliehen durch die not:
    du bist vil junc, daz ist war,
    und maht noch leben manec jar.
    ich muoz den lip uf geben,
130 ichn möhte doch niht mere leben;
    ich bin alt und ungesunt.
    nu küsse mich an minen munt
    und louf dine strazen!
    ich muoz mich bizen lazen,

---

110. wol *fehlt EcBl.* an alle *c*.   111. vorn he *A*.   112. Ich w. *HcBl*. weder es *H*, ob ez *EcBl*.   113. aber daz *H*, ez *EcBl*.   114. Sye *EcBl*. 115. Dye *EcBl*. hencken *c*, hengent *H*, senkent *Bl*, hebent *E*, lazzent *A*.   116. habent *AH*] habent sie *EBl*, hant ez *c*.   117.118. *fehlen EcBl*.   119. hant *HcE*.   120. Sam *H*.   121. Sus gahent *A*. dort her *Bl*.   122. lieber *fehlt EcBl*.   123. Daz da laufet *EBl*. geswinde *EcBl*.   124. Sich daz *H*, Daz selbe *c*.   125. die *fehlt EBl*.   126. durch die *A*] von der *übr*.   127. noch jung *EcBl*.   130. mack *EBl*. mer *Bl*, me *E*, lange *c*. gelebē *EcB*.   131.Wan ich *EcBl*.   133. lauf hin *Bl*. din *HcBl*, dinen *A*, uf die *E*.   134. vahē *Bl*.

[40ᵛᵃ] 135   desn mac dehein rat sin,
      und bite unsern trehtin,
      daz er mir die sele bewar.''
      do gienc der junge wolf dar,
      dem alten er den munt bot:
  140 des quam er in die grœsten not
      da er ie mere in quam:
      den sun er in die keln nam
      und beiz in also sere,
      daz er niht langer mere
  145 gefliehen mohte noch geleben.
      do begunde der alte geben
      die fluht gegen dem walde.
      die winde quamen balde:
      den jungen si ane liefen,
  150 vil mangen biz tiefen
      begunden si im schiere geben,
      unz daz si im daz leben
      vil gar haten benomen.
      do was der alte hin komen
  155 ze walde, da er wol genas.
      swie liep im der sun was,
      do ez im gie an die not,
      do verklagt er lihte sinen tot.
      Swer noch wolves triuwe hat,
  160 den sol man schiuhen, daz ist min rat.
      swer sich ze guote an in verlat,

135. Des *ABI*, Daz *c.* dehein *A*] kein *übr.* gesin *Ec.*   136. Nu bit *EB.* bite = *H.*   137. mir mein sel *B.*   141. Do *AE.* me *H*, mer *A*, *fehlt EcBI.*   142. bi der *cBI.*   144. langer *AH*] *fehlt EcBI.*   145. noch] als e *E.* leben *HBI.*   146. Der alt wolf begonde g. *EBI.*   148. liefen *EBI.*   149. ane = *H.*   150. Vil *A*] Uñ *H*, *fehlt EcBI.*   152. Hintz *EBI.* im do d. *H*, ym volle d. *c.*   153. Vollen *H*, Voll *EBI*, *fehlt c.* genomen *H.*   154. heim k. *E.*   155. do *AHE.*   160. fliehen *EBI.*   161. zegute *A*, gar *übr.* an den *E.* lat *Hc.*

so ez an die rehten not gat
so gestat er niemen bi;
swie liep im der mac si,
165 ern wil sin niht engelden
und entwichet im vil selden
die wile er sin geniezen mac;
kumet aber der tac,
daz er guot unde leben
170 durch in ze wage süle geben,
desn hat er deheine volleist.
sin vil triuweloser geist
der gemachet in so blint,
hæt er tusentstunt ein kint,
175 er geswiche im ane riuwe.
deheiner slahte triuwe
darf sich niemen an in versehen.
des ist im übele geschehen,
der dem ungetriuwen man

---

163. Sonen stet *H*. gestete er *A*. 164. der mach *A*, der man *HcE*,
er (*vor* im) *BI*. sin *H*. 165. Er *EcBI*. 166. Ern twichet *H*. vil *fehlt*
EcBI. 168. Kŭpt aber etwan *c*, Swenne aber kumt *EBI*. 169. vñ
AH, oder *EcBI*. 170. Durch in ze] An di *EcBI*. sol *AEBI*, mŭß *c*,
solten *H*. 171. Des *AcE*, Da *BI*. deheinen *H*, keinen *c*, kein *EBI*.
173. machet *EcBI*. 175. geswichet *A*, gesweigt *c*, gewich *BI*.
175. 176. reuwen: treuwen *H*. 176. slahte *A*] ganzen *übr*. 177. Bedarf
E, Dorft *H*. ez sich nimmer *H*, er sich nicht *c*. an in *A*] ze im *H*, dar
BIE, *fehlt c*. 178. Wan im ist *EcBI*.

180   niender entwichen kan:

[40vb]   swen er salbet, daz ist ein schach,

den erworget er dar nach,

wan er daz niht verlazen kan

ern zeige im doch des wolves zan.

---

180. Ninder *A*, Niht *H*, Niht wol *EcBI*.   181. lôbt dem zeûcht er s.
c. 182. Wan den *EBI*, Und *c.* betrûget *EBI*, verretet jn *c.*   183. Wan er
daz niht *A*, Wan er niht *c*, Daz er daz niht *H*, Nimm' er *EBI*. gelaßen
cBI, verhôren *H*.   184. Er *EcBI*. zeigen *H*. doch *fehlt HEcBI*.
den w. *H*. Hie endet sich daz mer Got behût uns vor dem trieg'
BI. Damit er beißet er seinê nehstê iemerlich Ach h're got von hyemel-
rich V'gib uns allen uns' missetat Die uns' blôde mêscheit begâgê hat
Und geleit uns hyn zû hiemelrich Da wir lebeñ ym̃er und ewigklich *c.*

VII

Der Wolf und der Bauer

[40rb]

Einen wolf den jaget ein wilder man,
do floch er angestliche dan,
unz da er einen geburen vant,
der hate ein gabeln in der hant
5 und schuberte sin höu da.
do sprach der wolf iesa:
„hilf mir behalten min leben!
ich wil dir guoten fride geben,
dar zuo solt du ane schaden sin
10 von allen den genozen min.“
„nu ginc zuo dem schober her
und sliuf dar in!“ sprach er,
„wil du min friunt iemer wesen,
ich wil dir helfen genesen!“
15 „ja“, sprach der wolf wider in –

Ed. Nr. 42 = A 55. *H* 192. *K* 178. *L* 255. – *Überschrift:* Ditz ist ein
hubsch mere Von einem wolfe zu lere *H,* Dicz ist von einem wolfe
ein mer Daz leret uns der stricker *K, fehlt A L.* – *Abschnitte:* 15 *L,* 21 *H,*
31 *L,* 47 *L,* 58 *H.*

1. den *fehlt H L.*   3. Unz da *A*] Untz daz *H,* Untz *L.*   5. svberte
A, schut *L.*   9. du *fehlt L.*   10. Vor *L.*   11. gang *L.* schochen *L*
(*auch* 18; 30).   14. So wil ich helffen dir *L.*   15. Da sprach *L.*

iedoch hate er den sin,
daz erz kergliche ane vie
und hinder sich in den schober gie,
daz er horte und sæhe
20 waz im hie vor geschæhe.
do der wilde man zuo lief,
den geburen er vaste ane rief,
wa der wolf hin wære?
do zeigte der triegære
25 mit der hant anderswar
und wincte mit den ougen dar
in den schober, da der wolf saz.
der wilde man übersach daz,
daz er wincte so tougen
30 in den schober mit den ougen,
und lief er nach der hant hin.
daz was des wolves gewin!
do er so verre komen was,
daz der wolf wol genas,
35 er gienc her für vil fro.
ze dem geburen sprach er do:
„din hant müez iemer sælec sin!
so müezen aber diu ougen din
die unsæld und daz leit haben,
40 daz si dir werden uz gegraben:
in was so leit min genesen,
daz ich des flizec wil wesen,
[40ᵛᵃ]   daz si des niemer niht gesehen
des si ze fröuden mügen jehen!"
45 Daz er dem wolve daz gehiez,

20. da nach beschach L. 24. trügnär L. 25. Mit siner HL.
26. wincht AL. 27. In schochen L. 34. wol vor im g. H. 37. mv̂z
H, mv̂zze A, mus L. 38. Müssent L. 39. unsæld = L. und daz
leit *fehlt* L. 40. dir *fehlt* L. 42. dez wil flizig L. 44. zefrevnden
A. müßen L. 45. Wissent daz der wolf gehies L. daz *fehlt* H.

daz er doch ungerne war liez,
daz was ein grozez wunder niht.
ditz ist ein angestlichiu geschiht,
daz man den liuten sam tuot!
50   so einer triuwe unde guot
dem andern geheizen hat,
daz sin gemüete so stat,
daz er des niht wil vol varn –
swer sich da vor wil bewarn,
55   den hat der wolf geleret:
hæt er sich niht gekeret
her für, so müese er tot wesen.
Also sol ein man genesen,
den ein ungetriuwer triutet
60   und im grozen dienest biutet:
so sol er stap under üehsen han
und sol sich niht gar an in lan,
unz er vil wisliche ervar
sines herzen willen gar.
65   swederz danne an im si
triuwen vol oder triuwen fri –
da bi erkenne er danne wol
des er sich an in lazen sol.

---

46. doch *fehlt HL*. warleiz *A*. 47. Dasn ist *H*. groz *HL*. 48. Ditz
was e. angelichiu *A*. engestlich *H*. 49. den *fehlt L*. alsam *L*. 50. Da
ainer *L*. 51. geheizzet h. *H*. 52. also stark stat *H*, denn nit recht
stat *L*. 53 *bis Schluß fehlt L, ersetzt durch:* Daz ist nü och der welt
loff Dar umb fint nieman rechten kouff Me ze disen zitten Wann jm
wil niemen bitten Sid dü welt so arg ist Mit bosshait und argem list
Waz iempt dem andern gehaist Daz er daz mit falschait laist Als gelang
dem wolff mit dem geburen Des müß nu manger truren. 53. vol
A] wol *H*. 57. Hin vûr *H*. muz er *H*. 61. stab und taschen *H*.
62. ensol *H*. 64. vil gar *H*. 65. an im *H*] im^{bl} *A*. 66. od' *aus* vñ
korr. *A*, *auf Rasur H*. 67. weiz er *H*. 68. Wes *H*. – Als *H* 111. *K* 102 a
*steht die gleiche Geschichte in der Form eines Kleinbíspel von 22 Versen
noch einmal höchst ungeschickt nacherzählt, gedr.* Grimm *RF*, 348 f. *nach H*.

VIII

Der Wolf und der Hund

[56vb]

> Ein hunt in einem hove lac,
> daz was sin site des er pflac.
> do quam ein wolf an daz tor.
> der hunt sprach: „wer ist da vor?"
> 5   der wolf sprach: „daz bin ich!
> du soldest baz erkennen mich!
> wan ich din rehter herre bin –
> tuo uf, la mich balde in!"
> daz wart dem hunde swære.
> 10   er sprach: „du diep! du roubære!
> hebe dich balde hinnen!
> wirt din min meister innen,
> din houbet muoz an den galgen
> zuo andern wolves balgen!"
> 15   der wolf über den zun spranc
> ane des hovewarten danc
> und leit den hunt under sich;
> sin zuht wart ungefüegelich.
> „genade, herre", sprach der hunt,

Ed. Nr. 66 = A 76. – Überschrift und Abschnitte fehlen A. –
2. sit A.   15. zowen A.   18. vngefugchlich A.

20 „irn sult durch minen tumben munt
iuwer edele niht vergezzen!
iuwer herze ist besezzen
mit so manger herlicher tugent,
daz iuwer zorn und iuwer jugent
25 iuch niemer des betwingen sol,
daz ich den tot von iu dol;
wan ich mit iu geschimpfet han,
ir sult schimpf für schimpf verstan
und sult mir min schimpfen
30 so sere niht ungelimpfen.
ichn han niht sere missetan,
ich hæt iuch iezuo in verlan,
hætet ir iht langer gebiten!
daz ich den schimpf niht han vermiten,
35 daz tuot mir wirs danne we.
geschimpfe ich mit iu iemer me,
so müeze ich sin verfluochet:
swenne ir her komen geruochet,
[57ra]   ich laze iuch ane schimpfen in.
40 ir habet die tugent und den sin,
swenne ir zuo dem vihe kumt,
daz ir minen gnozen sere frumt:
des bizet ir denne so vil,
daz wir fröude unde spil
45 von iuwern gnaden gewinnen.
swenne ir nu scheidet hinnen,
so kumt her wider schiere:
sint iuwer gnozen viere,
die geniezent iuwer frumecheit.‟
50 der wolf sprach: „so ist mir leit,
daz ich dich so bizzen han.

—————

21. niht *fehlt A*.   23. maniger *A*.   25. iem‘ *A*.   29. minen *A*.   31. so sere *A*.

wir haben beide missetan.
nu laze wirz beide varn,
wir suln uns hernach baz bewarn!"
55   do gienc er ze den schafen.
diu begunde er also strafen,
daz ir vil lützel genas,
er az ir, daz er sat was,
und huop sich ane sine vart.
60   daz lopte ouch der hovewart.
Der wolf gelichet vaste
einem gwaltigen gaste,
der des gert an sinen wirt
daz im vil gar versaget wirt,
65   und er danne selbe nimt
allez des in da gezimt.
so danne schouwet der wirt,
daz im sin zorn unsælde birt,
so tuot er solchen willen schin,
70   daz er niht bezzer möhte sin:
er machet fröude unde spil
und git dem gaste swaz er wil.
swie groz danne sin gabe si,
der milte ist niht lobes bi!
75   swaz der man geben muoz,
diu milte hat vil smalen fuoz.
daz der man mit willen git,
er mac ez geben an der zit,
daz inz lop vil gar vergat.
80   Swer milte unde guot hat,
wil der lobeliche leben,
der sol ze rehter zit geben
und sol ze rehter zit versagen –
diu müezen beidiu wol behagen.

---

52. bediu messetan *A*.   64. v`sagt *A*.   68. in sin zon *A*.   73. denne *A*.

[57rb]   85   swer mir sin guot erliuget
und mich so dicke betriuget,
daz ich im wirde gehaz –
git er mir denne etewaz,
diu gabe hat ir lop verlorn
90   und versüenet kume den zorn
den er an mir gemachet hat.
der süene habe ein man rat:
mac er der gabe niht bejagen,
so sol er doch enzit versagen,
95   sone wartet jener nihtes me.
ich nim ein war versagen e
denne ich zwo gabe gelogene tuo!
ichn han niht fröuden dar zuo,
swaz mir geheizen fröude birt;
100   diu fröude swillet unde swirt
mit unfröuden uz mir:
von swem ich der geheize enbir
die mich da machent ungemuot,
daz nim ich dannoch für guot.

---

96. war versagen] warsagen *A*.   97. danne *A*.   101. Mit vrovden *A*.

IX

Der Wolf und der Biber

[57rb]

Zeinen ziten daz geschach,
daz ein wolf einen biber sach
eins tages in einem wage;
dem satzt er manige lage,
5 unz er ze jungist uz gienc.
der wolf in iesa gevienc.
do sprach der biber: „neve min,
waz sol disiu rede sin?"
der wolf sprach mit zorne:
10 „da bistu der verlorne!
ich wil dich ezzen, weizgot!"‘
der biber sprach: „ez ist din spot."
er sprach: „des wirstu wol gewar!"‘
do wart der biber riuwevar.
15 er sprach: „herr neve, daz verbir
unde ginc dan mit mir:
ich wil dir einen dahs geben.

Ed. Nr. 67 = A 77. q 2. – Überschrift: Võ einē wolff und einē pib' *q*,
fehlt A. – Keine Abschnitte.
  3. Eines *A*. 6. czehant *q*. 11. fressen *q*. 15. herre *A*.

soltu tusent jar leben,
du muost mirs iemer danc sagen.

20 dun darft in vierzehen tagen
niemer komen von einer stat,
wan du bist zallen ziten sat.
der ist dir nützer denne ich!
deiswar, unde wil du mich

25 mit rehten triuwen meinen,
ich gibe dir aber einen

[57ᵛᵃ] als dicke so du wilt,
daz ouch du min frideschilt
vor dinen genozen wellest wesen,

30 daz si mich lazen genesen."
der wolf sprach: „des hilfe ich dir!
nu sage an, wie mac mir
der selbe dahs werden ?"
„er liget hie in der erden

35 bi disem wage in einem hol.
da gewinne ich dirn wol!
la mich dich über schriten
und la dich dar riten,
so heize ich in her uz treten,

40 des han ich in lihte erbeten;
ich beginne wider in jehen,
er sulle mir ditz ros besehen;
so er uns danne beginnet nahen,
so solt ouch du in vahen."

45 der wolf sprach: „daz tuon ich.
nu sitze uf und rit mich!"
do saz der biber uf in.

---

22. zeallen ziten *A*, die weil *q*.   23. Er *q*. vil nûczer wan *q*.
24. Zwar *q*. und *q*, *fehlt A*.   27. offt als *q*.   29. deinem *q*.   30. mich
auch *q*. lazzen leben *A*.   34. lit *A*.   39. her auf *q*.   40. in *fehlt q*.
42. Er sûll *q*, Ir sult *A*. gesehen *A*.   43. uns *fehlt q*. beginne *A*.
44. ouch *fehlt q*.   46. rite *A*.

do truoc in der wolf hin
und quamen zuo des dahses tür.

50 do sprach er: „neve, ginc her für
durch minen willen unde sage,
wie dir ditze ros behage:
ich gilt ez niht mitalle,
ine vernem, wie ez dir gevalle.

55 ich fürhte, daz ich dran verlür!"
der dahs huop sich her für
da er den wolf ane sach;
do entweich er wider unde sprach:
„entriuwen, neve, dirre vol

60 der gevellet mir harte wol!
diu brust ist im vile starc.
ich wil dir geben eine marc,
daz dun vergeltest deste baz.
rit in den wac und mache in naz,

65 daz ich in rehte gesehe.
mir ist liep, daz dir wol geschehe.
hat er niht flozgallen,
so muoz er uns wol gevallen;
so wil ouch ich in rennen,

70 ich kan in baz erkennen!"
daz duhte den wolf guot.
in den wac er do wuot,

[57ᵛᵇ]   der was ze guoter maze tief.
der dahs eneben im lief

75 durch ein dicke studæhe,

---

48. Der wolff trug in freylichen hin *q*.   49. kom *q*.   50. gee *q*,
get *A*.   52. dir dicz *q*, iv daz *A*.   53. Ine *A*.   54. Mer v'nim *q*.
dir *q*, iv *A*.   55. dran *q*. denne *A*.   57. Untze der dahs *A*. an *A q*.
58. Da *q*.   59. Trewen *q*. diser *q*.   60. D' *A*, *fehlt q*. harte *A*] gar *q*.
61. vil *A*, hart *q*.   63. deste *A*] des *q*.   64. Rite *A*. in das wag *q*.
65. seh *q*.   70. auch in *q*.   74. dahse neben *A*, tachs neben *q*. im *A*]
in *q*.   75. dickes steudech *q*.

daz er vil wol gesæhe
sines lieben neven riten.
er sprach zallen ziten:
„rit in ein wenec in baz,
80 er ist noch niht gar naz!"
des sagte im der biber danc:
hin in den wac er do spranc
und quam hin under an den grunt,
von dem wolve wol gesunt.
85 do lief der dahs hin in sin hol.
Ez zimt ouch noch den liuten wol:
swer sinem friunde bi gestat
so ez im an die rehten not gat,
so der man friunt muoz kiesen
90 oder aber den lip verliesen –
swer im da hilfet genesen,
der mac vil wol sin friunt wesen.
swer sinen tot übersiht,
weizgot, der was sin friunt niht.

76. beseh q.   78. zeallen A, czu allen q.   79. in fehlt q.
ine A, ein q. 82. da q. 83. an q] in A. 85. hin fehlt q. 91. do q.
92. vil fehlt q. 93. Wer aber q. seinen tod q, seinen rat A. 94. Waz
got q.

X

Der Kater als Freier

Swes herze noch ie besezzen wart
mit wunderlicher hohvart,
daz ist rehte allez ein wint:
ein kater, einer katzen kint,
5 der überhohtes alle
die sint Adames valle
nüt hohvart wurden bekant.
der gie da er eine vohen vant,

[30ra]   der sprach er kündecliche zuo:
10 „nu rata, frouwe, waz ich tuo.
ich weiz wol, daz du wise bist
und kanst vil manigen guoten list.
darumbe suoch ich dinen rat.
ich sage dir, wie min dinc stat:
15 ich han me tugende eine
den allez daz gemeine
da von du ie gehortest sagen.

Ed. Nr. 22 = A 41. *H* 145. *K* 137. – *Überschrift:* Ditz ist des kathern
mere Got bvz vns vnser swere *H*, Dicz ist ein gvt mere   Von einem
gathern gewere *K*, *fehlt A*. – *Abschnitte: H* 145. 179.
1. ie *fehlt H*.   8. ein vahæn *A*.   10. rat mir *H*.   16. Dan *H*,
Danne *A*.

ichn dörfte niemer gedagen,
solde ich dich wizzen lan,
20 wie vil ich hoher tugende han.
ezn fünde niemens sin
so edels niht als ich bin.
swie gerne ich nu næme
ein wip diu mir wol zæme –
25 die enmac mir niemen vinden.
doch wil ich niht erwinden
– dir sint vil groze witze bi –:
waz nu daz edeliste si,
daz du iender kanst erkennen,
30 daz solt du mir nennen,
des tohter wil ich nemen e,
e denne ich gar an wip beste.‘‘
diu vohe kündecliche sprach:
,,swaz ich edeles ie gesach,
35 den gat diu sunne allen vor.
si sweimet so wunnecliche enbor
und ist da schœne und also heiz,
daz ich so edeles niht enweiz.‘‘
er sprach: ,,der tohter muoz ich han!
40 si ist hoch und wol getan
und hat so wunneclichen schin,
si mac wol vil edele sin.
nu sage mir von der sunne me:
ist iht dinges daz ir widerste?
45 daz soltu nennen iesa!‘‘
diu vohe sprach: ,,entriuwen, ja.
ir widerstat der nebel wol,

---

18. Ich *H*.   19. dich rechte w. *H*.   22. edel *H*. niht *fehlt H*.
24. nu wol z. *H*. 25. Dienen *H*, Die *A*. 26. enwil *H*. niht *H*] nimmer *A*.
27. groz die w. *H*.   28. nu *fehlt* H.   30. mir hie *H*.   32. E *fehlt H*.
geste *H*. 34. Waz *H*. edelste *A*. 37. da *fehlt A*. 42. ouch vil wol *H*.
46. Der v. *H*.

der ist so grozer krefte vol,
daz diu sunne niht geschinen kan,
50 swas ir der nebel niht engan.“
der kater sprach: „ist daz also,
so bin ich des nebels tohter fro:

[30rb] sit er so groze kraft hat,
daz er der sunne widerstat,
55 so gevellet mir sin tohter baz.
nu sage, ist aber iender daz
daz dem nebel ane gesige
vor dem er sigelos gelige?“
„Ja“, sprach diu vohe sa zehant,
60 „dir ist der wint wol bekant:
der ist des nebels meister wol!
wære des nebels ein lant vol,
swenne sich der wint rüeret,
er verjaget und zefüeret
65 den nebel in vil kurzer frist,
daz niemen weiz, wa er ist.“
der kater sprach: „daz ist guot.
so wil ich wenden minen muot
an des windes tohter umbe daz.
70 wie ode wa gefüere ich baz,
sit im diu ere ist beschert,
daz er so gewaltecliche vert!
des wil ich siner tohter zuo,
e daz ich iender wirs getuo.
75 ist iht dinges in der krefte,
daz des windes meisterschefte
mit siner krefte widerste?
daz solt du mir sagen e,
als lieb ich dir ze friunde si.“

---

48. so *fehlt A*.   50. Swas *H*] Swa *A*.   59. sa *fehlt A*.   66. wa sin
icht ist *H*.   70. wa *fehlt H*. getet ich *H*.   72. gewalte *H*.   74. E
dan *H*. nider *A*.

44

80 „ja“, sprach diu vohe, „ich weiz hie bi
ein groz alt œde steinhus,
da hat der wint vil manigen sus
und manigen stoz an getan
und muose doch ez lazen stan.

85 swie vil er da gesturmet hat,
ez hat die kraft, daz ez noch stat.“
der kater sprach: „sam mir min lip,
sone wil ich dehein ander wip
wan des steinhuses kint,

90 sit der kreftige wint
da sturmet naht unde tac
und doch niht da gesigen mac.
des huses tohter wil ich nemen,
diu muoz mir aller beste gezemen!

95 hat aber iht dinges die kraft,
da von daz hus schadehaft
[30va]   iemer mere werde?
ist des iht uf der erde,
da sage mir von etewaz!“

100 „ja“, sprach diu vohe, „ich weiz noch daz,
daz dem steinhus ane gesiget,
daz ez da nider geliget:
ob der erde und dar under
ist miuse ein michel wunder,

105 die hant die mure so durchvarn,
daz si des niemen kan bewarn,
man müeze si schiere vallen sehen:
daz wil von den miusen geschehen!“
der kater sprach: „ich bin geil

110 und han ouch sælde und heil,
daz ich die rede vernomen han.

---

82. vil *fehlt* H.   **84.** mvz ez doch H.   86. dez ez A.   **88.** So A.
91. Baz st. A.   92. da niht H.   96. steinhus H.   99. von *fehlt* H.
105. die mv̂se A.   108. Daz mvz A.

so wil ich elliu wip lan
und wil der miuse tohter nemen.
iedoch la mich e vernemen,
115 ob si ane sorgen leben,
ist in iht meisters gegeben?"
„ja", sprach diu vohe sa zestunt,
„dir ist diu katze wol kunt,
diu ist der miuse meister gar:
120 swa si ir werdent gewar,
da fliehent si durch groze not;
swaz si ir gevahet, die sint tot.
diu mac sich dir gelichen wol:
diu ist als richer tugende vol
125 und ist als edele als du bist,
swaz an dir ze loben ist,
daz ist ouch vollecliche an ir.
du hast dich des geruomet mir,
ez envinde niemens list
130 so edeles niht so du bist.
nu merke rehte dine kraft:
diu katze ist also tugenthaft
an muote und an libe,
diu zimet dir wol ze wibe –
135 dun maht ouch niht hoher komen,
ich han daz für war vernomen!
du hast dich selben geaffet,
daz du so vil hast geklaffet
und hast mit worten getobet,
140 daz du dich hoher hast gelobet
[30ᵛᵇ]   denne iht in der werlte si.

Auf 113 *folgt* 115. 116. *dann erst* 114 *A.*   114. Iedoch *H*] Daz *A*.
117. sa zehant *A*.   121. Do *A*.   124. also *H*.   127. an dir *A*.
130. niht *fehlt H*.   135. hoher niht *H*.   136. wold ich iz vur ubel
han genomen *H*.   138. Du hast zu vil g. *H*.   139. mit *fehlt A*.
140. hoher *H*] so vil *A*.   141. iht daz *H*.

nu bin ich tiurer denne din dri
und weiz der tiere dannoch vil
(den ich mich niht gelichen wil),
145 diu verre tiurer sint denne ich.
kanstu niht erkennen dich,
so sich et eine katzen an:
du kanst niht anders denne si kan,
swaz si ist, daz bist ouch du –
150 da von tuo dinen munt zu!
du suochest einen toren:
vach dich selben bi den oren,
so hastu in funden iesa,
er ist vil vollecliche da!"
155 do kerte der kater wider
und lie sin hochgemüete nider,
do er bevant wer er was,
und was vil fro, daz er genas. –
Alsam geschiht dem tumben man,
160 der daz niht bedenken kan,
wer er ist und war er sol –
dem ergat ez selten wol!
swenne er sich so vergahet,
daz er diu dinc versmahet,
165 diu im ze maze wæren
und sælde und ere bæren,
und so tumbe sælde suochet,
daz er der dinge ruochet
der er niht muoten solde,
170 ob er sich erkennen wolde –
der hat sich selben übersehen!
dem sol ze rehte geschehen
als dem katern geschach,

---

148. canste *A*, enkanst *H*. anders *fehlt H*. däne *A*, wan daz *H*. si
fehlt A.   149. sie da *H*.   152. selben *fehlt H*. bi dinen *H*.   156. hohe
gemvte *A*.

der im ze hoher wirde jach:
175 daz wart im missepriset
und wart des underwiset,
daz er der katzen was gelich.
do erkante er unde schamte sich.
Also muoz sich ein man schamen,
180 dem man sin reht und sinen namen
mit schanden zeiget unde saget,
swen er ze hohe verte jaget.
swie lange sich ein kater wert,
ist im niht ein katze beschert,
[31ra] 185 so mac er michel wirs gevarn:
ieslich man sol sin reht bewarn!

181. sagt *A*] schamet *H*. 182. So er zehoferte i. *A*. 184. ein catze niht *H*. 186. Ein man der s. *H*.

XI

Die Katze

[31ra]

    Daz ist ieslicher katzen muot:
säehe si vor ir unbehuot
hundert tusent ezzen stan,
si wolde zuo in allen gan;
5 daz si niht gezzen möhte
und ir ze nihte entöhte –
daz machte si doch unreine,
daz si würden elliu gemeine
den liuten ungenæme
10 und zezzen widerzæme.
Alsam tuot ein unreiner man
der niemer so vil wibe enkan
gewinnen, als sin herze gert.
er versuochet wert und unwert:

Ed. Nr. 23 = A 42. *F* 8. *H* 146. *K* 138. *ff.* – *Überschrift:* Von vnkev-
schen mañen *F*, Ditz ist von den katzen Die bizen vñ kratzen *HK*. –
Abschnitt: HK 11.

1. Ez *ff.* ainer yeglichen *F*.   2. umbe h. *A*.   3. Wol h. *H*.   4. in
allen] ieglichem *ff*.   5. Des *H ff*.   8. Si macht sew all g. *ff*.   9. Daz si
wurden u. *ff*.   10. Und den lauten w. *ff*.   11. 12. *fehlen ff*.   11. Also
HF. vnrein *H*.   12. kan *FH*.   13. so *H*, sam *ff*. begert *F*.   14. be-
nascht *ff*. w. uñ wert *AF*.

15 die er niht minne mac gewern,
   die wil er dannoch niht verbern;
   er benaschet bœse unde guot.
   diu sines willen niht entuot,
   der wil er doch wort machen
20 und wil si da mit swachen,
   daz si im ze jungist werde reht.
   er minnet krump unde sleht
   und hat vil gar der katzen site.
   bejaget er katzen lop damite,
25 daz dunket mich vil billich:
   er tuot der katzen vil gelich!
   ir beider werc bewærent wol,
   daz man ir lop gelichen sol!

---

15. mit minne *H*, nymmer *ff*, *fehlt F*. erwerbñ *F*.   16. enpern *ff*,
v'werren *F*.   17. 18. *fehlen ff*.   17. benachet *A*.   19. Und wil ir *ff*.
20. dar umbe *H ff*. beswachen *ff*.   21. zu lest *ff*.   22. unreinet *H*,
benascht *ff*.   23. Er hat wol d. *ff*.   24. Und bejait der c. *ff*.   25. Daz
ist gar p. *ff*. vil *fehlt F*.   26. der *fehlt ff*. gar *ff*, *fehlt F*.   27. 28.
fehlen ff.   27. bemeret *F*, gewerte *H*.

XII

Das Katzenauge

[274va]

Ein künec gwan daz unheil,
daz im frou sælde ein teil
an ir genaden so verkos,
daz er ein ouge verlos.
5 des gwan er groze swære.
er sprach, swelch meister wære,
der in der not enbünde
und im ein ouge künde
an die selben stat gesetzen,
10 den wolt er wol ergetzen
swes im von armüete ie geschach.
ein wiser meister do sprach:
„welt ir mich armüete entladen,
so wil ich iu denselben schaden
15 beide büezen unde stillen
und wil iuch nach iuwerm willen
mit einem ougen zieren.
nu welt uz allen tieren
ein tier, des ouge iu müge zemen,

Ed. Nr. 24 = H 147. *K* 139. – *Überschrift: Ditz ist wie ein kunich
ysan Einer katzen ouge gewan. – Abschnitte:* 41. 109.
3. In ir *H.*   11. Swaz *H.*   14. 19. euch *H.*

20 dem wil ich einez uz nemen
 und helfen iu, daz ir da mite
 gesehet nach des tieres site.''
 der künec sprach: ,,du redest wol,
 des ich iemer gerne sol
25 gedenken unde lonen dir,
 lieber meister! ez sol an mir
 ein katzenouge werden:
 ich enweiz niht uf der erden,
 daz baz gesehe, den si tuot:
30 si hat ez nahtes also guot
 sam tages an der sunnen.
 du hast uns abe gewunnen
 minen kumber und den din,
 und tuost du den willen min!''
35 der meister sprach: ,,daz sol geschehen!
 nu lat mich eine katzen sehen,
[274ᵛᵇ] der ouge iu aller beste behage.
 ich hilfe noch bi disem tage,
 daz ir also wol gesehet
40 sam si, des ir mir selbe jehet!''
 do wart der katzen genuoc
 die man da für den künec truoc.
 darunder sach er eine:
 ,,daz ist als ich da meine!''
45 so sprach der künec iesa.
 do hate der meister ouch da
 sin geziuge al bereit.
 mit einer kurzen arbeit
 hate er den künec so wol gewert,
50 daz er sprach: ,,swes ich gegert
 an gote han und ane dich,
 des hastu wol geweret mich.

---

21. 37. euch *H*. 29. dan *H*. 51. got *H*. an *H*.

ich han ze sehene die maht:
swie vinster werden mac diu naht,
55 so gesihe ich also vaste
sam an der sunnen glaste
mit dem niuwen ougen min.
diu naht und ouch des tages schin
diu sint beidiu samt gelich.
60 du hast gedienet umbe mich,
daz ich dich riche machen wil!"
der künec gap im also vil,
daz der meister selbe sprach:
„wol mich, daz ich iuch ie gesach!"
65 nu hœret die rede fürbaz.
swa der künec sit gesaz,
ze tische oder anderswa –
da was sin katzenouge ie da,
daz ez die miuse loufen sach.
70 swaz im anders ze sehen geschach,
des nam daz ouge keinen war:
ez begunde her unde dar
in winkelen und under benken
nach den miusen vaste wenken.
75 des enkundez sich nie gesaten.
ez enwolde ouch im des niht gestaten,
swie wert ein herre für in gie,
[275ra] daz er in mit dem ougen ie
ane möhte gesehen –
80 ezn wolde niuwan miuse spehen.
des wart er im ze jungist gram.
swer gegen dem katzenougen quam
dar für den künec gegangen,
der enwart da niht enpfangen
85 mit gruoze, sam er tæte,

---

ob er in gesehen hæte.
daz treip er zallen ziten an.
vil dicke sprachen sine man:
„wes engrüezet ir der herren niht?
90 daz ist ein wunderlich geschiht,
daz si iuwers gruozes ane stant
des si vil wol gedienet hant!“
do enmohte der künec niht verdagen,
ern müeze in offenliche sagen
95 sin lesterliche tougen:
„da enmac ich mit dem ougen
niht anders“, sprach er, „gesehen,
wan swaz von miusen mac geschehen:
des wartet ez und nihtes me!
100 nu schaffet daz: swer für mich ge,
daz er hie zuo müeze gan,
da ich min altez ouge han.
daz niuwe tuot nach siner art:
ezn wolde wan der miuse vart
105 durch zwelif künege niht sehen.
mir ist vil übele geschehen,
daz ich daz ouge ie gewan,
daz niht wan miuse sehen kan!“
Swie we dem künege mite wart:
110 er mohte nature unde art
von ir rehte niht enbringen:
swer daz fiur mac betwingen,
daz ez der hitze werde fri,
und wazzer, daz ez trucken si,
115 der mac nature widerstan!
ezn mac ouch anders niht ergan:
[275rb] ez si man ode wip,

92. Des] Daz H. 94. must H. 96. Danen m. H. 104. wan] nach H. Vgl. Leitzmann, PBB 46, 316: l. ich statt iz. 110. Ern m. die n. und die a. H. 111. bringen H. 115. der n. H.

nature twinget sinen lip
an diu werc und an die tat,
120 daz man sich sanfte des enstat
swaz lobes im sin tugent giht;
swenne den valschen misseschiht,
daz ist nature gebot:
nature ist der ander got,
125 siu gebiutet unde twinget,
daz ir gebot volbringet
der mensche und allez daz da lebet.
swer wider die nature strebet,
daz ist ein so groze arebeit,
130 daz si noch rehte niemen leit.

118. Die n. *H*. 121. Was *H*. 123. der n. *H*. 124. Die n. *H*. 127. da
fehlt H. Nach 130: da bi si euh daz geseit Daz nach des mannes edelkeit
Darf nieman vragen vurbaz Er zeiget ane vrage daz Da mit er wol be-
deutet Was im sin art gebeutet Was hulfe ein lange umbe vart Wir
tun ot alle nach der art *H (kaum Stricker)*.

XIII

Von einem Hofhund

[57ᵛᵇ]
Ez was hie vor ein richer wirt:
swaz den gesten fröude birt,
des bot er allez genuoc;
er schuof, swa man sin gewuoc,
5 daz er vil wol gelobet wart.
er hate ouch einen hovewart,
der kunde wol überspringen
(des endurfte in niemen twingen!)
da mite erwarp er sin brot:
10 swer im den arm dar bot,
dar über spranc er sa zehant.
des wart der hunt wol erkant.
eins tages quam der geste vil,
do muos er üeben sin spil:
15 er spranc unz an die stunde,
daz er müeden begunde.

Ed. Nr. 68 = *A* 78. *F* 12. *B* 18. *I* 19. – *Überschrift:* Von ainem sprin-
genden hund *F*, Hie hebt an der hofwart *BI*. – *Abschnitte fehlen.* –
3. bot *A*] hett *FBI*.   4. geruch *F*.   5. vil *fehlt BI*.   6. Der *BI*.
ouch *fehlt BI*.   8. entorst *A*.   11. Den vbersprang *F*. sa *A*, so *F*,
fehlt BI.   12. bekant *A*.   13. komen *BI*. der *fehlt BI*.   14. er vb̕
sin spil *A*, er springen vber sein zil *F*, aůgñ sein spil *BI*.   15. hintz
BI.

done wolt er niht mere springen.
do begunde man in twingen.
do in des einer betwanc,
20 daz er ime überspranc,
do twanc in ouch ein ander.
der meisterschefte vander
so vil unz er verzagete
und in vil gar versagete

[58ra] 25 und durch niemen springen wolde,
swelch not er drumbe dolde.
Reht also tuot ein milter man:
swie milte er iemer werden kan,
wil man in ze harte varen,
30 in muoz diu milte swaren.
in bringet einer darzuo,
dern beide spate unde fruo
ze gitecliche neizen wil,
daz in dunken muoz ze vil
35 der gabe und ienes gitecheit
und im ze jungist gar verseit.
swie gerne er milte wære,
in machent die gitegære
an guotem willen so schart,
40 daz er tuot sam der hovewart,
den man ze springene twanc,
so lange, unz er durch niemen spranc.

---

17. 18. Da *FBI*.   21. So *A*, Da *FBI*. betwanc *BI*. ovch *AF*] ab` *BI*.
22. enphander *IB*.   23. hintz *BI*.   24. in vil gar *A*] in allen *BI*, auch
vil gar *F*.   29. ze *fehlt BI*. varn *A*.   30. swarn *A*, besw. *FBI*.
31. einer *AF*] ymm` *BI*.   32. Der ir *BI*.   33. Zegitechlichen *A*, Ze
grosslich *F*, Tegleichñ *BI*. niessen *FBI*.   34. mvz dvnchen *A*.
35. und der g. *FBI*.   37. der *BI*. milte] armut *BI*.   38. In
enlant die gûfter *BI*.   39–42 *fehlen BI*.   39. gvten *A*. chart
A.   41. zespringen *AF*. *Schreibervers* (*nach* 38): Ditz mer ain end hat
Got mach vns milt nah seinẽ rat *BI*.

XIV

Hofhund und Jagdhunde

[68ra]

    Ez was hie bevor ein arm man
    der so lützel guotes gwan,
    daz er vil selten sat wart.
    do hate er einen hovewart,
5   dem enweste er waz geben,
    noch enweste wes er selbe möhte leben.

[68rb]

    da von so wart der hunt so swach,
    daz man in kume leben sach.
    nu was ein burc da nahen bi:
10   ,,ich wil sehen, ob da iemen si'',
    gedaht er, ,,der sich ruoch erbarmen
    über mich tot armen!''
    diu burc hate einen richen wirt;
    swaz den liuten fröude birt

Ed. Nr. 81 = *A* 96. *H* 118. *K* 107. *F* 15. – *Überschrift:* Ditz ist ein
mere Von den buren seltzene *H*, Ditz ist von einem geburen Und ist
ein mere seltzene Der wart wart selten sat *K*, Ain peispill so ain bawr
gewalt vber nimbt *F*, *fehlt A*. – *Abschnitte:* 72 *H*.

    1. hie vor *F*. 5. west er *H*, west er nit *F*. zegebñ *F*. 6. Und enweste
H, Noch *F*. selbe *fehlt F*. mohte *A*, solde *H*, sollt *F*.   7. Da von so *A*,
so *fehlt FH*. 9. da *fehlt F*. 10. besehen *F*. 11. Gedaht er *AF*, *fehlt H*.
rvch *A*, welle *H*, *fehlt F*. erparm *F*. 12. tod arm *F*. 14. enpirtt *F*.

15 des volgete im ein michel teil.
    nu gehalf dem hunde sin heil,
    daz er für des wirtes tisch quam
    und sin da niemen war nam
    wan des wirtes hessehunde.
20 swelcher in an begunde
    loufen als er solde
    und in uz bizen wolde,
    vor deme leit er sich dernider
    und tet niht anders derwider,
25 wan daz er den zagel ruorte,
    unz er den zorn zefuorte.
    do er sich also kunde ergeben,
    da von liezen si in leben.
    doch begunde er in entwichen
30 und al umbe slichen;
    under den benken, da ez vinster was,
    da bejagte er, daz er wol genas.
    do der arm hovewart
    ein wenec krefteger wart,
35 do begunder für die tische gan,
    under die hessehunde stan.
    als er ein bein da gevienc,
    swelch hessehunt dar gienc,
    dem liez erz nider vallen:
40 sus geschuof er mit in allen,
    daz si in bi in verdolden –
    des si da niht enwolden,

15. volgte A. 16. hallf F. 17. vor H. des herren F. 18. niemand da F. genam F. 19. heshunde AH, hetzhunde F. 20. in an] man H, an in F. 23. d' n. A, dar n. H, nider F. 24. da w. HF 25. Dann F. 26. er im den F. zv fvrte H, zerfùert F. 28. Dal. sie im das l. F. 30. Und begonde ot umb in sl. H. 32. Bis das er hart wol F. 35. den tisch H. 36. Und under F. 40. schuef F. 41. dolten H. 42. Und des sie nicht F. wolten A.

daz duhte aber in ein wirtschaft.
nu gwan er schiere solche kraft:
45   swaz im in den munt quam,
daz im deheiner daz ennam.
daz quam da von: er werte sich.
er duhte sich so heimlich,
daz er sich satzte wider sie
50   und in des sinen niht enlie.
die hunde muosen dicke jagen,
daz si etewenne in siben tagen

[68va]   niht enquamen wider hein.
so wurden im elliu diu bein,
55   diu sie alle solden ezzen:
der wart er so vermezzen,
hæt in ein lewe bestan,
er wolt ez im niht vertragen han.
so die hunde danne quamen wider,
60   so warf er ir einen nider
vor dem tische, und aber einen,
und wolt si an den beinen
deheinen gwalt lazen han.
do mohtens im niht widerstan,
65   si warn von jagene so krank,
daz er si sanfte betwanc.
von siner frevellichen kraft
muosen si sine meisterschaft
ze allen ziten liden
70   und muosen in vermiden,
als er ein lewe wære. –

---

43. aber si *H*. ein *fehlt F*.   46. nam *HF*.   48. dovchte si noch
so *H*.   50. lie *F*.   53. kamen *F*. heim *alle*.   54. Do *H*.   55. Die
alle.   56. Des *HF*.   57. ein lev richt getan *F*.   58. ez *fehlt F*.
59. danne *fehlt H*.   60. ir *fehlt H*. dar nider *H*.   61. Vnd der den *F*.
64. Do en- *H*, Des *F*.   65. von jagen *A*, von gejaid *F*, von dem iagen *H*.
67. Mit seiner *F*.   71. Als ob er *F*.

Nu gelichet disem mære:
swa ein gebur ze hove gat,
der da heime niene hat,

75 und gesmecket der süezen spise,
so gebaret er in der wise,
als er mitalle ein schaf si.
unz er in gewonet bi,
daz er ze hove wirt erkant,

80 so muoz er sich iesa zehant
den edelen gelichen
und wil den niht entwichen.
so beginnet er danne liegen,
beidiu losen unde triegen.

85 sin smeichen wirt so manecvalt,
daz man im bevilchet einen gwalt.
des wirt er danne so here,
daz er die edelen iem ermere
darnach verdrucket, swa er mac:

90 under der füezen er zem ersten lac,
der meister wil er danne wesen
und wil die kume lan genesen.
dar ane tuot er rehte –
also wil daz ungeslehte!

95 daz ungeslehte ist so gemuot,
wirt im gewalt ode guot,
daz ez niemen behalten wil.
der selben vinde ich nu so vil,

[68ᵛᵇ]   daz ir der tivel müeze pflegen!

100 ichn tuon in anders dehein segen.

---

72. geleichent dise *F.*   73. gebûer *A,* gebavre *H,* pawr *F.* zv *HF.*
74. niht en- *H,* nicht *F.* 75. Und gewonnet *F.* guten sp. *HF.* 77. er
nûr ain *F.*   80. wil *HF.* dann zuhant *F.*   82. weicheñ *F.*   85. Sim *A.*
87. 88. her: mer *HF.*   90. Under den f. *A.* fôzze *H.* e zv meistern
H, e *F.*   91. wil er danne (dann *F) HF*] denne wil *A.*   93. an *alle.*
94. Also tût *F.*   95. ungeslaht *H.* also *AF.*   97. Daz er *A.*   98. nu
A] noch *HF.* so *fehlt F.*   100. Ich *HF.* dehen *A,* keinen *HF.*

XV

Der Ochse und die Maus

[68vb]   Ein ohse ob einer krippe stuont
    als noch dicke rinder tuont.

[69ra]   da wolde er stan und ezzen.
    do quam ein mus vermezzen,

5   diu beiz in vor an den munt
    und floch hin wider an den grunt,
    da si ir niht ervorhte.
    do si im daz leit geworhte
    und er des smerzen enpfant,

10   do zucte er uf sa zehant.
    dar nach greif er aber dar.
    des nam diu mus guoten war
    und beiz in aber alsam e:
    daz tet im freisliche we.

15   wider sich selben er do sprach:

Ed. Nr. 83 = *A* 98. *H* 173. *K* 165. *F* 17. – *Überschrift:* Ditz ist von einem ochsen her Den baiz ein maṽs harte ser (mṽs sagt der strick` *K*) *HK*, Wie ain maus ain ochsen zwickt *F*. – *Abschnitte:* 41 *HK*.

1. krippen *HF*.   2. So noch vil dicke *H*.   5. Und pais *F*. vorn *H*. in den *F*, in sinen *H*.   7. Daz *H*. ir *A*] in *HF*.   8. Da sie nu *F*.   10. Da *H*. sa *AH*] so *F*.   12. vil wol war *F*.   13. als e *AF*.   14. Ditz tet dem ochsen harte we *H*.   15. selber *F*.

„waz tuot mir disen ungemach,
daz ichs niht gesehen mac?
ez wær sin jungister tac,
weste ich waz ez tæte!

20   swie groze kraft ez hæte,
ez müese den lip han verlorn,
mirn geswichen danne miniu horn
od ez entrünne mir vor daz hus!"
do sprach diu wenige mus:

25   „nu bin ich doch hie bi dir
und maht doch niht geschaden mir,
so bize ich dich aber wol
und springe wider in min hol,
da bin ich wol vor dir genesen.

30   du muost dar umbe ungaz wesen,
daz du mir træte miniu kint,
diu waren bloz unde blint."
daz was ein freislicher zorn,
wand er was sere gehorn,

35   er was starc unde groz
und vorht deheinen sinen genoz.
swie freislich er nu wære,
doch leit er dise swære,
daz er ungaz muose sin

40   durch ein kleinez miuselin. –
Swie starc ein man iemer si,

---

16. disen *FH*] ditz *A*.   17. ich sein *F*.   18. were *H*, wurd *F*.
22. Mir *F*. meinen *F*, min *AH*.   23. Ode *A*. Oder *HF*. mir dann fur *F*.
24. sprac *A*.   25. doch *fehlt H*.   26. doch *fehlt F*.   28. hinwider *F*.
29. Do *H*. dir *fehlt H*.   30. Vñ mvst (mûest du *F*) doch u. *AF*. vn-
gas *F*, vngezen *A*, an ezzen *H*.   31. 32. *fehlen AF*.   33. Daz was
dem ochsen harte z. *H*.   34. Wand *fehlt H*. vil sere *H*.   35. Vñ was
ovch *A*. starc *AF*, stark kûne u. *H*.   37. nu *fehlt F*.   39. *s. La.*
30.   41. Wie starck vnd wie gros *F*. iemer *fehlt F*.

si im dehein witze bi,
so si des von mir gemant:
habe er deheinen viant,
45   den habe maze smæhe:
da er sichs niht versæhe,
da füeget im der lihte daz,
daz er im erzeiget sinen haz.
weiz er, daz er starc ist,
50   so gefüeget er den list,
daz ern etewa bestat

[69rb]   daz ez der swache bezzer hat.
wolt diu mus den ohsen han
an einer wite bestan,
55   er hæte si frides wol erbeten
ode er hæte si ertreten.
do bestuont si in da er ir rehte was
und harte wol vor im genas.

---

42. Doch ste der wisheit bi *H*. Wont im kain *F*.   43. Do get im selten icht abe *H*.   44. Ob er keinen vint habe *H*.   45. haben ze maze *H*, hab er zemassen *F*.   46. sichz *H*, sich *AF*.   47. imm' lihte *A*, er im *F*, licht iener *H*.   48. Und ertzaigt im *F*. zeiget *H*.   50. Da wider vindet *H*, So vindet *F*.   51. er in *AF*.   52. der swach *F*, der swacher *H*, der smæhe *A*.   54. haben bestan *F*.   56. Wann er hett sie wol *F*. Oder *H*.   57. Also *F*. do iz r. *H*.   58. Vnd sie wol *F*.

XVI

Der Esel

[55vb]

Ez was ein esel zeiner zit
der lange secke unde wit
ze allen ziten muose tragen –
daz begunde er wider sich selben klagen.

5   do hort er sagen mære,
daz ein solch lant wære,
da man nie esele gesæhe.
,,wie wol mir danne geschæhe'',
gedaht er iesa zehant,

10 ,,quæm ich iemer in daz selbe lant,
so lebte ich ane arbeit
und hæte eteliche werdecheit.
ich bin unz her gewesen hie
smæhe und unsælec ie –

15 ich wil gewisliche dar!
wirde ich der liute gewar,
so erschelle ich mine stimme,

Ed. Nr. 76 = *A* 75. *H* 190. *K* 176. – *Überschrift:* Ditz ist von einem
Esel ein mere Daz leret uns der strickere *HK, fehlt A. – Abschnitt:*
151 *HK.*

7. Do *H.*   8. denne *AH.*   10. Ob ich dar queme in daz l. *H.* in
fehlt A.   11. So *A*] Da *H.*   14. S. vñ sælich *A.*

diu dunket si so grimme,
daz si niht truwent genesen
20   und lazent mich iemer fri wesen:
swenne ich si fride laze han,
so lazent ouch si mich gerne gan."
[56ra]   sus quam er in daz selbe lant
da er ein groze stat vant
25   und gie den liuten in ir gras.
do quam der des diu wise was.
als er hin zuo begunde gan
und wolde in uz getriben han,
do kerte sich der esel dar
30   und lie sine kraft gar
mit grozer stimme klingen
und begunde so lute singen.
do verzagte er gar der man
und lobete got, daz er entran
35   dem vil freislichen tiere.
do lief er hin vil schiere
da er die glockensnüere vant
und begunde liuten zehant
ze sturme wol mit schalle.
40   do quamen die burger alle
und frageten, waz im wære.
do sagte er in diu mære:
daz wære ein freislich tier komen,
daz hæte im nach den lip benomen,
45   daz hæte ein groze stimme
und wære dar zuo so grimme,
daz ez niht fliehen wolde

---

22. lant *H*. ouch *fehlt A*.   24. Do *H*.   26. der *A*] er *H*.   27. 28.
umgestellt H.   27. dar zu *H*.   33. Do v‛zahte ᵉʳgar d. m. *A*, Daz er
verzagt der man *H*.   34. Vñ lop *A*. daz ertran *A*.   37. Do *H*.
glocken snvre *H*, gloksnure *A*.   38. Die begonde er l. *H*.   41. vr. in
waz im *H*.   42. daz m. *H*.   43. *l*. Da wære?   44. genvm̃ *H*.

als ein tier von rehte solde;
daz æze im abe sin gras!
50 swer do baz geriten was
od snelle was ze fuoze,
der kerte sin unmuoze
an ein michel uzgahen.
da si den esel sahen,
55 da gestuonden ouch die zagen.
die mannes herzen wolden tragen,
die huoben sich hin naher baz;
der uf einem guoten rosse saz,
der reit hin naher ouch ein teil.
60 do was der esel harte geil
(daz schuof daz wunnecliche gras
und ouch daz er geruowet was):
als er der rosse wart gewar,
do lief er schriende dar
65 als noch ein geiler esel tuot
(sin ruowe gap im frien muot!).
do si in so witen sahen ginen
und lutes loufen gen inen,

[56rb] do wart in ze fliehen gach.
70 der esel lief in allez nach.
swelch ros niht balde wolde tragen,
daz wart vil vaste durchslagen
ze beiden siten mit den sporn.
si hæten alle wol gesworn,
75 er fræze ros unde man:
swer uf einen boum entran
oder zitlich quam in die stat,

---

51. Od' *A H.* sneller *H.*   54. esel alrerst *H.*   55. Do *A.* ouch *fehlt H.*
57. Si *H.*   59. hin naher ouch *A*] ouch naher *H.*   64. schriende *A,*
lugende *H.*   67. Da *A.* ginen *H*] gen *A.*   68. gen in *A,* gegen in *H.*
70. lief allez *A,* lief in vaste *H.*   71. ros *fehlt H.*   75. Ez *H.*   77. chom
A, fehlt H.

der duhte sich gelückes sat:
swa der wec was enge,
80 da wart ein solch gedrenge,
daz die swachen und die jungen
ertreten und erdrungen
vil nach ze tode waren;
swer des mohte gevaren,
85 der floch uf einen hohen stein;
sumeliche fluhen hein.
swer sich dem esel also benam
oder uf eine mure quam
oder uf ein hus oben,
90 der begunde got loben.
do quamen die hersten
in die stat zem ersten
und besluzzen ir burgetor
und liezen die armen dervor
95 und enruohten, waz den geschach.
do daz arme volc gesach,
daz in der wec was enzwei,
do wart ein solche geschrei
uzerhalp von den armen –
100 ez mohte got erbarmen!
si wanden beide, junge und alt,
ir tage wæren uz gezalt.
ez was ein verzaget her.
si liefen an die brustwer
105 in der stat vil schiere

80. Do H. ein solche H, solich A.   81. und die H] die fehlt A.
85. hohen A, grozen H.   86. heim AH.   87. so H.   88. Daz er uf
die burkmure H.   91. chomen A, wurden H.   92. zemersten A, die
aller ersten H.   93. Da besluzzen si daz b. H.   94. die armen A]
die andern H.   95. enruohten niht H.   98. solich A, so getan H.
99. Da uzze H.   102. wæern uz A, weren gar H.   104. Do liefen si H.

und warteten dem tiere.
si wanden schouwen groze not:
do entet er niemen den tot!
sin gebærde duhten freissam
110 unz er an daz burctor quam,
daz er der rosse niht mere ensach,
do hate er aber sinen gemach
und was ouch lüenes sat.
do si gesahen in der stat,
[56ᵛᵃ] 115 daz er bi den liuten gie
und si doch ungebizzen lie,
do begunden si vil sere swern.
daz enmohte in niemen erwern,
sine wolden für daz tor gan
120 und wolden bi ir friunden stan,
durch daz si mit in dolden,
swaz si da liden solden.
die daz tor besluzzen e,
den tet diu schande nu so we,
125 daz si des lougen begunden
so si flizeclichest kunden,
wand si daz laster muote.
swaz der esel nu geluote,
in enwolt doch niemen fliehen:
130 si begunden im zuo ziehen
und geviengen den toren
bi der manen und bi den oren;
darzuo sprungen ir viere
uf sinen rucke schiere
135 und riten in in die stat hin.
da berieten si sich under in

---

106. warten *A*, wartende *H*.   109. douchte *H*.   111. me
sach *H*.   113. lvttens *H*.   117. vil vaste sere *H*.   118. enkunde *H*.
119. fur daz tor *A*, ouch her uz *H*.   123. burgtor *H*.   125. des *fehlt A*.
129. doch *fehlt H*.   132. den manen *H*.   136. Do *A*. si *fehlt H*.

die burger iesa zehant:
daz tier hæte in got gesant
dem solden sis genade sagen;
140 ez solt ir aller secke tragen
ze der mül spat unde fruo,
da wær ez wol geschaffen zuo.
do was im unz an sinen tot
gezehenvaltiget sin not!
145 sus fuor der arm recke:
daz er eines mannes secke
da heime in sinem lande truoc,
der eren duhte in niht genuoc!
do gelanc im so an siner vart,
150 daz er maniges mannes esel wart.
Da man ich tumbe liute bi:
swer da heime ein tore si,
der enheve sich niht in fremdiu lant.
da sine mage sint bekant,
155 da hat man in deste baz;
sone weiz dort niemen umbe waz
sin ze schonen in fremden landen.
des wirt da siner schanden
so ungefuocliche vil,
160 daz ez im wære ein kindes spil,
[56ᵛᵇ] wær er da heime gewesen.
Swer ane witze wil genesen,
der wære dristunt als wol
in einem vinsteren hol,
165 so daz er sine torheit
ze schouwen in daz lant treit.
er wære baz ein toter man,
der niht wan schande erwerben kan.

---

140. Er *H*.   143. im *fehlt H*.   155. helt *H*.   157. Im *H*. ze *fehlt H*.
162. Swer er ane *A*.   164. vinstern *A*, vinsterm *H*.   165. er *A*] ez *H*.

XVII

Fliege und Kahlkopf

Ein fliege einen kalwen man
vil sere bizen begam,
da si im daz houbet bloz vant.
do sluoc er dar mit siner hant,
5   do lie diu fliege hin gan.
als der slac was getan,
do fuor diu fliege aber dar.
des nam der man vil wol war
und ramte ir vaster denne e.
10   diu fliege sumte sich niht me,
si flouc aber hin und entran.
als dicke beiz si den man,
daz ir ze jungist wart ein slac,
daz si des bizens gar verpflac. –
15   Die fliegen wil ich gelichen
dem armen, der den richen

Ed. Nr. 69 = *A* 79. *F* 13. – *Überschrift:* Wie ain fleug ain kalen offt
jrret *F*. – *Abschnitte fehlen.*

1. fliuge *A (immer)*, fleûg *F (immer)*.   3. Das sie *F*.   4. Da *F*. mit
der *F*.   5. Da floch die fleug hindan *F*. diu *fehlt A*.   7. Darnach füer
sie aber *F*.   8. nam *F*] man *A*.   9. rawmte *F*. vaste denne *A*, vesster
dann *F*.   13. war *A*.   14. gar v'pflag *F*, enphlac *A*.

wil neizen an sin schulde
und engert niht siner hulde.
so daz der riche denne klaget
20 und ouch dem armen widersaget,
so wirt er küener denne e
und tuot im ie me und me.
so sprichet der riche man:
„ist daz mir sin got gan,
25 ich heize in dar umbe henken!"
so muoz der arme wenken
und muoz als diu fliege varn.
des enkan er ouch niht wol bewarn,
[58rb] man lage im hie unde da,
30 unz er ze jungist etewa
gevangen wirt und tot geliget,
und daz der riche an im gesiget.
Swer als diu fliege wirbet,
so der als diu fliege stirbet,
35 den wil ich als die fliegen klagen,
diu an dem glatze wart erslagen.
daz merken die da zucken
und sich ofte muozen tucken.

---

17. neizen]niezen *A*,niessen *F (vgl. oben Nr.* XIII, *v. 33!)*. 18. gert *F*.
19. 20. chleit: wid' seit *AF*. 19. 21. danne *AF*. 24. mirs *F*. 28. Er
kan das nicht *F*. 29. laget im *A*, lach sein *F*. 31. ligt *F*. 32. Und
der reich man im angesigt *F*. 37. die die da *F*. 38. dick *F*.

XVIII

Die Eule und der Habicht

[43rb]   Ein iule zeinem habeche sprach:
    ,,swaz ich vogele ie gesach,
    der geviel mir nie deheiner baz!
    ich wil dir sagen umbe waz:
5   du bist ze wunsche wol getan,
    ich sach nie snabel baz gestan
    noch klawen sam die dinen.
    dehein vogel darf die sinen
    niemer ze dir gelichen,
10   si müezen dir alle entwichen

[43va]   an frümecheit und an tugent.
    din werdecheit hat iemer jugent!
    swer dir gap lip unde leben,
    der kan vil herliche geben!
15   er ist so erbære,
    weste ich wer er wære,
    ich wolde in biten, daz er mir

Ed. Nr. 47 = *A* 60 a. *H* 168. *K* 159. – *Überschriften:* Ditz ist der
Evlen mer Got bûzze vns vnser swere *H*, Ditz ist von einer ûlen ein
mere Ze hören seltsene gere *K*. – *Abschnitte:* 117. 171 *HK*.
   6. gesach *H*. snabel *H*] habch *A*.   7. danne *H*.

klawen gæbe alsam dir
und snabel und gevidere!"
20 der habech sprach da widere:
„daz gap mir Jovis, unser got!
du leistest übele sin gebot,
daz er dir so unkunt ist!
daz büeze in einer kurzen frist
25 und fliuc ze ime, swa er si:
im ist manec tugent bi:
er gwert dich diner bete gar.
ouch brinc din kleinote dar,
er vernimet din rede deste baz:
30 dir sint die vogele gehaz:
so gehilfet dir diu miete,
der dich gerne verriete,
daz dir der niht geschaden kan!"
da mite schiet si von dan.
35 ir was zer verte vil gach.
si ranc mit flize dar nach,
daz si ein ganze mus gevienge
da von ir wille vür sich gienge.
da mite quam si zehant
40 da si der vogele got vant.
si stuont für in unde neic.
der vogele got daz niht versweic,
er hiez si willekomen sin.
er sprach: „du hast den hof min
45 gesuochet, so du beste kanst.
sit du mir solcher eren ganst,
kumt din bete unz an mich,
sicherliche, ich ere ouch dich!"

---

18. geben also *H*.   21. Si *H*. Jupit' *A*.   23. D' er *A*.
25. flevge *AH*. im *AH*.   26. manich *A*, so manic *H*.   28. bringet er *H*.
33. er dir *H*.   35. wart *H*. ze d. *A*, zv d. *H*.   37. groze *H*.   39. sa
zeh. *H*.   47. vntz *fehlt H*.   48. ouch *fehlt A*.

74

,,gnade, herre", sprach si do,
50 ,,ich wart nie nihtes so fro,
so daz ich iuch gesehen han:
mir enkan nu niemer missegan!
daz ich iuch e niht han gesehen,
daz ist von bosheit niht geschehen:
55 ich bin dar zuo niht gestalt,
ichn han die kraft noch den gewalt,
[43vb] daz ich iu so gedienen müge
als ez iuwer werdecheite tüge.
mir ist der wille so guot,
60 daz ir so dienesthaften muot
niender vindet anderswa.
hæte ich snabel unde kla
und vedern als ein habech hat,
ich wolt iu, als min muot stat,
65 mer gedienen alterseine
den die vogele alle gemeine!"
daz losen und daz liegen
daz enhate er niht für triegen.
er sprach: ,,du bist so wol komen!
70 dar zuo han ich vernomen,
so guoten willen da ze dir,
daz du vindest hie ze mir
allez des du hast gegert,
des wis mit vollen gewert!"
75 si genadet im also sere,
daz er da vor nie mere
so inneclichen danc vernam.
die vogele warn ir e vil gram
durch ir winkelfuore gewesen –
80 vor den was si nu genesen:

50. nie nihtes H] nie deheines dinges A.   53. niht e H.   69. so
volchom A.   71. daze A, da zu H.   72. hieze AF, hie zu H.   74. mit
willen A.   77. minnechlichen A.

si was daz jar an habches stat
und machte mangen vogel mat.
si begunde also gebaren:
die ir da vient waren
85 den wart si allen nu so groz,
daz si ir gwaltes verdroz.
si tete swaz si wolde,
unz si sich muzen solde.
diu muze was ir vil unkunt:
90 ez quam also zeiner stunt,
daz uz ir vedern allen
einiu begunde vallen,
diu beste diu an ir stuont –
do tet si als die zagen tuont,
95 si erquam so sere und erschrac,
daz si die sunnen noch den tac
vor leide niemer me gesach,
bi den ir der schade geschach.
si zoch sich in ein vinster hol;
100 si dahte: ,,ich weiz daz vil wol,
quæm ich an daz lieht hin für,
daz ich die vederen verlür
[44ra] unz ich mitalle würde bloz.
ez wart nie schade also groz
105 so der, der mir ist geschehen,
er wirt ouch niemer me gesehen.
ichn gesihe den tac niemer me!''
ir wart vor leide so we,
daz si in der vinster beleip,
110 unz si ir leben gar vertreip.
mit solcher missewende

82. vogele *AH*.   88. 154. m♥zzen *A*, m♥zzen *H*.   89. movzze *H*,
m♥zze *A*.   91. ir *H*] den *A*.   92. Ain iv *A*.   96. sunne *A*. noch *A*]
und *H*.   104. schande so *A*.   106. Ez *H*.   107. Ine *A*, Ich *H*.

nam gar ir fröude ein ende. –
Daz mære wære baz verdaget,
ob daz niht würde gesaget,

115 daz man dar zuo gelichen sol,
daz sich dar zuo gelichet wol.
ich geliche zuo der iule tugent
einen man, der alter unde jugent
so lesterliche vertribet,

120 daz er gehazzet blibet
von allen den, die eren gernt
und ouch der werlde fröude bernt.
so der vil bœse danne siht
vil mangen, den man eren giht,

125 die ze den eren sint gestalt,
die geburt, guot und gewalt
und stæte werdecheit hant
und daz mit werken begant,
daz si dem friunt gevallen wol

130 und daz si der vient fürhten sol –
so gelustet den vil bœsen,
daz er sich müeze lœsen
von sinem ungewalte groz
und daz er werde der genoz,

135 die von gewalte habent ere,
des flizet er sich sere.
er keret einem herren zuo,
dem ist er spate unde fruo
mit siner losen rede bi.

140 so wænet der herre, daz ez si
allez war, des er da gihet,

---

112. gar ir *A*] alle ir *H*.   117. zuo *fehlt A*.   118. Einem *A*.
120. belibet *AH*.   121. gegern *A*.   127. *lies*: stæte an werdecheite?
128. bekant *H*.   130. Vnd si der *H*. den v. fursten *A*.   132. erlosen
H.   135. haben *A*, hant *H*.   137. ei::: *(Wasserfleck) A*, dem *H*.

unz daz ein wunder da geschihet,
daz ern richen beginnet
und in an schulde minnet
145 und im bevilchet einen gwalt –
so wirt sin hochvart manecvalt,
so wil er gar ein habech wesen
und niemen lazen genesen.

[44rb] er strebet nach niemens hulden;
150 die in hazzeten von schulden
die verslünde er, möhter, alle.
also vert er mit schalle
(sin herze daz ist fröuden vol)
unz hin, daz er sich muzen sol:
155 daz in sin herre niht erlat,
der in vil wol gerichet hat,
ern müeze im dienen da von
(des was er e ungewon,
daz er iht dienen solde,
160 wan als er selbe wolde)
– ez si im liep oder leit –,
die vederen der richeit
der muoz im einiu her abe!
des wirt so groz sin ungehabe,
165 daz aller sin trost verdirbet
und gar an fröuden stirbet.
sinem herren was er e vil holt –
durch den vil ungefüegen solt
an dem verzaget er nu gar
170 und wirt mitalle zwivelvar,
daz er in hat gemachet schart,
sam diu bœse iule wart,

143. er in *A*. 146. hohefart *A*. 148. lazzen niemen *H*. 149. Ern *H*.
150. hazzent *H*. 152. Alsust *H*. 154. Untze *A*. 155. in des sin herze *H*.
157. Er *H*. 158. Desn *H*. ungwon *A*, niht gewon *H*. 162. vedern
AH. 170. mit *fehlt H*. zwifel v. *H*] riwe v. *A*.

diu den tac vor leide floch
und sich in ein vinster hol zoch:
175   sin herre, der im daz liep bar,
daz man nam siner miuse war,
den beginnet er nu miden
beidiu hazzen unde niden,
vor dem birget er sin guot
180   und treit im ungetriuwen muot.
sus fliuhet er der triuwen schin:
swie guot noch sine vederen sin,
swie im bezzer gevidere
nach der muze wüehse widere –
185   er verzaget umb die einen,
daz man den vil unreinen
dar nach iemer vindet niuwen
in dem schate der untriuwen,
und in der vinster der untugent!
190   sin bosheit hat iemer jugent:
sus muoz der herre verlorn han,
swaz er im guotes hat getan.
also bestatet man daz guot,
daz man dem ungeslahten tuot!

176. nam siner mŭse A, sin mvste nemen H. 178. Beidiv A] Und H.
182. sin AH. vedern H. 184. wahsse A. 186. Daz A, Die H, lies Der?
187. nimm' A. 191. So H. 193. bestatten A, bestatte H. 194. den H.

XIX

Der verflogene Falke

Sich verflouc ein valke uf einen se
so verre, daz er niht me
wan himel unde wazzer sach.
do wolde er wider durch gemach –
5   do vermiste er der lande.
des hæt er nach ze pfande
beidiu den lip und daz leben
dem grimmen tode gegeben.
doch schuof sin heil, daz er genas:
10   do er vil nach verzaget was,
allererst do sach er ein lant,
des endes kerte er sa zehant.
da quam er schiere in gevarn.
dan vant er niht wan musarn:
15   der vogele was deheiner

Ed. Nr. 48 = A 60 b. *H* 169. *K* 159. *q* 5. – *Überschriften:* Ditz ist
wie sich ein valke vf dē se v'vlock Daz ist ein seltzen mere noch *H*,
Hie ver vlovck sich ein valke vf den se Daz er vil kŧme quam wider
me *K, fehlt Aq; in A ohne Initiale und Bezifferung, fehlt auch im Re-
gister. – Abschnitte:* 85 *HK*, 123 *HKq.*

1. vf den *H.*   2. er *fehlt q.*   3. unde *fehlt q.*   6. er *fehlt A.*   7. den
fehlt q. vnd sein *q.*   8. grimmigen *A.*   9. Do geschuf *A.*   11. do
fehlt q.   12. sa *fehlt Hq.*   13. Do *A.*   14. Da *A.*

weder grozer noch kleiner
der in dem lande wære,
niuwan allez musære.
ez was der musære lant.
20 swaz er da musære vant,
den begunde er wol gevallen.
er wart da von in allen
enpfangen unde wol gelobet.
,,ich beziuge iu, daz ir niht entobet",
25 sprach der valke wider sie,
,,vind ich iht zetuone hie
da ich frümecheit erzeigen sol,
ich bewære mit den werken wol,
daz ir mich bi iu müezet vertragen:
30 ich kan spise wol bejagen!"
da swigens allesamet zuo.
des andern morgens fruo
begunden die musarn
friliche nach der spise varn.
35 der valke huop ouch sine vart:
sin tugent und sin edeliu art
und darzuo sin gewonheit,
die rieten im die arbeit,
daz er in den luft ho flouc,
40 daz in ouch leider betrouc.
er suohte her unde dar
und nam flizecliche war,
ob er den vogel fünde,
an dem er gwinnen künde
45 fromen, lop und ere.

---

18. Den allez newr q.   20. er da AH] der do q.   24. iu *fehlt Hq.*
ir] er H.   29. mich bey euch müst q, mich mvzzēt A.   30. die spise
Hq.   31. samet *fehlt q.*   32. adeȓs A.   34. Vrolich Hq.   35. schvf
Hq.   38. rieten Hq] taten A.   39. hoh in die lũft q. hohe A.   40. doch H,
her nach q.   42. man A.   43. icht vŏgel q.   44. An den q.   45. Frvm A.

don sach er da niht mere,

[44ᵛᵇ]   wan musære überal.

ze jungist liez er sich zetal,

da die musarn sazen

50   und nach ir vollen azen.

er sach, daz sumelicher saz

uf einer veltmus und az;

ez hate ouch etelicher da

einen frosch genomen in die kla;

55   dem ez dar nach so wol ergie,

daz er den haberschrecken vie,

der was davon hochgemuot;

da duhte ein snecke harte guot:

der den da vant, der was fro;

60   der ander der was ouch also

der zeinem regenwurme quam

oder einen vivalter nam

oder einen kevern vant,

des ungenist gar verswant.

65   sus sach ers alle enbizen.

si begunden im verwizen

sine grœze und sine schœne:

„du bist aller vogele hœne",

begunden die musarn jehen,

70   „nu ist din bosheit ersehen,

daz du niht kanst erwerben.

du solt ze rehte verderben!

nu bejage wir doch alle

die spise wol mit schalle,

75   nu bist du bœser denne wir,

---

46. Da en- *q*, Den *H*, Do *A*. da *fehlt q*.   50. willen *Hq*.   53. svme-
licher *H*.   54. genomen *fehlt A*. in sein *q*.   56. ein hewschrecken *q*.
57. wolgemut *q*. 59. da *fehlt q*. 60. der *fehlt Hq*. 62. eine *A*, ein *q*. vei-
valtern *H*, czweifalter *q*. 63. da vant *H*. 64. vngemûete daz *Hq*. 65. erz
H, er sie *Aq*. 66. Do begondens *H*, Da begundñ sie *q* 71. her werben *H*.

deiswar, daz schinet ane dir!"
swie vil er spottes dolde,
ern mohte noch enwolde
des niht des si da azen.

80 des begundens in verwazen
und zigen in grozer bosheit
und taten im so manec leit,
daz er flouc in ein ander lant,
da er allen sinen willen vant.

85 Als der valke wart verjaget
von dem ich iu nu han gesaget,
also wirt ein biderber man:
swie tugentriche er werben kan,
daz hilfet lützel unde frumet,

90 swenne er ze bœsen liuten kumet.
daz er ir site vermidet,
des wirt er so vernidet,

[45ra]   belogen und gehazzet
und wirt so für gevazzet

95 von den tugentlosen:
die beginnent in verbosen
sam den valken die musarn.
moht er den liuten enpfarn
und entrinnen sam der valke entran –

100 so wære er ein vil sælec man.
nu mager wol entrinnen niht!
ich sag iu, wa von daz geschiht:
man vindet allenthalben e
der valschen sechzec ode me,

105 denne einen der nach ere strebet.
sit der so lützel nu lebet –
war suln die tugentrichen

84. Do A.   85. was A.   86. iu *fehlt* q. nu *fehlt* A.   88. werden
A H, besen q.   89. Das in luczel hilfft q.   90. Ob er q.   94. *fehlt* q.
95. tugenden l. H.   98. er der livte A.   105. der reht nach q. eren Hq.

den valschen danne entwichen?
sit niemen kan erlœsen
110 den biderben von den bœsen,
so sol ers doch niden
und sol vil gar vermiden
ir missetat und ir untugent:
sin ere diu sol niuwe jugent
115 iemer haben, daz ist guot.
er sol werc, wort unde muot
von bœsen liuten scheiden
und sol im lazen leiden
ir valschen lip und ir leben.
120 sus sol er iemer von in streben,
so ist er lobelich enpfarn
den ungeslahten musarn.
die valschen richen dunket reht
– er si ritter ode kneht –,
125 swie er sin guot gemere,
daz man in billich ere:
swelch ritter sich daz ane nimt,
daz einem koufman wol gezimt –
der tuot dem valken niht gelich:
130 er hœnet daz leben unde sich.
swer daz leben ane gat,
daz sinem namen wol ane stat,
er si arme ode riche –
der lebet vil lobeliche.

---

110. Die b. *A*. von dem *H*.   112. Und sy gar *q*.   116. wort werk *H*.
118. sol *fehlt q*.   123. valschrichen *A*.   124. Ez *H*.   127. Swelch
ritter *Hq*] Swelich *A*. dez *q*. 129. valschen *H*. 130. vn̄ *A*, vnd ovch
Hq. 132. seinem lěbñ *q*. ane *fehlt H*.   134. gar l. *q*.

XX

Der Vogel und der Sperber

[72rb] Uf einem grüenen rise
sanc ein vogel sine wise
eines morgens vil fruo.
im was so ernest dar zuo,
5 daz er sin selbes vergaz
und also singende saz,
unz ein sparwære dar swanc,
do er aller wünneclichist sanc,
und nam in in sine füeze:
10 da wart sin stimme unsüeze
[72va] und sanc als die da singent
die mit dem tode ringent.
Also fröunt sich der werlde kint,
die so vaste mit der werlde sint,
15 daz si got verlazent under wegen
und wellent deheiner vorhte pflegen
und tuont swaz in gevellet,

Ed. Nr. 91 = A 107. *E* 27. – *Überschrift:* Von einc̄ vȯgellin *E, fehlt*
A. – Abschnitt: 21 *E.*

1. schȯnen grṻnen *E.*   2. vogelin *E.*   4. ernst *A E.*   5. gar v'gaz *E.*
6. Uñ do er also *E.*   7. Unz *fehlt E.* sich do dar *E.*   9. sine *A*] die *E.*
10. im sin *A.*   14. mit der werl so vaste *E.*   15. v'læzet *A*, lazzent *E.*

         unz si der tot ersnellet
         und würget si als drate,
20   daz in helfe kumt ze spate.
         sus nimt ir fröude und ir spil
         ein bœser ende und ein zil
         denne des vogels der da sanc,
         unz er den tot da mite erranc.
25   diu not die im sin sanc erwarp,
         der was ein ende, do er starp –
         so ist der werlde kinde not,
         diu ane riuwe ligent tot
         an ende und also manecvalt,
30   daz si iemer belibent ungezalt.

---

  18. 24. Hintz *E*.   19. Vñ si verget *A*. so *E*.   20. in zehelfe *A*
22. bôsers *E*.   23. der vogel *E*.   24. do mit *E*.   25. 28. Die *AE*
30. nimm' *A*.

XXI

Der unfruchtbare Baum

[31ʳᵃ]   Swelch boum des bluotes wunder birt
     da doch niht obzes ufe wirt,
     des blüen wirt schiere unmære.
     Der glichet dem lügenære
5   der mer geheizet denne vil,
     des er doch niht geben wil!
     Des boumes bluot und jenes geheiz
     daz ist mir rehte – als ich wol weiz!

Ed. Nr. 25 = A 43. *F* 9. *H* 148. *K* 140. *h* 19. – *Überschrift:* Von un-
fruchtbarn blûed *F*, Dicz ist ein (ein kurczes *K*) mere Von einem
lvgenere *HK*, *fehlt A*. – *Abschnitte fehlen.*

    1. der blumen *Hh*.   2. Und des opses darauf nicht enwirt *F*. niht
fehlt A. uffe *H*, uf *A*. uff stat noch wi't *h*.   3. Dez lügen *h*.   4. Vñ
g. *h*. geleichet sich *Fh*. trugñ *h*.   5. mere *H*, me *h*. dâne *AF*.
6. geben niht enwil *H*.   7. bôm *A*. blûen *FH*, plume *h*. und sin *Hh*.
8. Die *(fehlt h)* sint *Hh*. rehte *A*] beide *H*, *fehlt Fh*. als *fehlt H*. als
im me'chñ șçḥoḥ schäyss *h*. – *Hinter* 8: Sie sint mir als ein minczen
blat Da von wirt man ir schire sat Und werden ungeneme Den
warhaften wider zeme Und den levten allen Des kvmen sie zv gro-
zem schallê *nur K*.

XXII

Der junge Baum

(Die Sommerlatte)

[31ʳᵃ]   Daz ist der sumerlatten tugent:
swar si sich neiget in der jugent
– swie groz si iemer werden kan –,
ir schinet daz erste nigen an.

5 stat si des ersten ufreht,
swie groz si wirt, sist iemer sleht.

[31ʳᵇ]   Daz si den kinden vor gesaget:
swelch wort der junge man bejaget,
sol er hundert jar leben,

10 daz muoz im iemer ane kleben.
wirt sin lop zem ersten guot,
ist daz er dar nach missetuot,
da wirt vil lützel von geseit.
tuot er deheine frümecheit,

15 so kumt daz erste lop her für,

Ed. Nr. 26 = *A* 44. *F* 10. *H* 149. *K* 140. – *Überschrift:* **Was slecht
in der tugent wechst** *F*, **Hie hebt sich ein mere an Von einem jungen
man** *HK*, *fehlt A*. – *Abschnitt:* 7 *H*.

1. sumerliten *F*.   2. Wahin *F*.   5. auf gerecht *F*.   6. sist *H*] si
ist *A*, so ist sie doch *F*.   8. belaidt *F*.   9. 10. *fehlen AF*.   11. 17. zu
dem *H*.   13. So . . . davon *F*.   14. dann ain *F*.

daz man in lobet mit frier kür.
Wirt er zem ersten unwert,
swenne er dar nach eren gert,
des mac man im gelouben niht.
20 missetuot er iemer iht,
so wirt diu erste schulde gezalt
und wirt sin schulde zwifalt.

22. wirt *fehlt* F. sein unrecht F.

XXIII

Hase und Löwe

[37va] Ist der hase also getan,
daz er den lewen wil bestan:
daz enheize ich niht ein frümecheit!
ez ist ein gouglich arebeit:
5   er ist mit dem tivel behaft,
ob er bestat solch überkraft,
da er niemer mac gesigen
und ane zwivel tot geligen.
Swer sine tage also gelebet,
10   daz er wider die ere strebet,
der muoz ouch wider got wesen:
swenne des sele sul genesen,
da kumet diu sele kumer zuo
denne der hase vor dem lewen tuo.

Ed. Nr. 34 = *A* 50 c. *H* 175 o. *K* 167 c. – *Überschrift fehlt, schließt sich ohne Initiale an die vorhergehende Nummer an. – Abschnitt: 9 HK.*

2. den] der *H, fehlt A.*   3. ein *fehlt A.*   4. gouchlich *A.*   6. solich *A,* solche *H.*   8. *erg.* muoz *vor* tot ?   10. den eren *H.*   11. Daz *H.* 12. Swenne e des *H.* muz *H.*

XXIV

Vom Hasen

[70vb]   Ich hœre sagen für war:

swer einen hasen drizec jar

an einem bande behabe

und ziehe er im daz seil abe,

5 er werde dannoch wilde.

Ditz ist ein glichez bilde:

swie lange ein man die ere hat,

swenne er si uz der huote lat –

si wirt im wilder denne ein hase

10 der da loufet in dem grase.

Ed. Nr. 35 = *A* 50 d *(A¹)*. *H* 175 d. *K* 167 d *(schließt sich ohne Initiale an die vorhergehende Nummer an). A* 102 *(A²)*. *F* 18. *E* 2. b 1 *(selbständiges Stück). – Überschrift:* Diz ist von einē hasen *E. – Abschnitt:* 6 *E*.

1. Wier horn *b*. Der *A¹HbF*. zehen *A¹H*. 3. gehabe *A¹Hb*. 4. Geziehe *A¹Hb*. daz seile *H*, daz selbe *A²F*, daz bant *A¹E*.   5. Ern *A²*. 6. Daz *A¹Hb*. 7. die *fehlt F*, sin *E*. 8. Ob er sie on hûet *F*.   9. im noch w. *A¹*. der h. *A¹H*.   10. da *fehlt A¹*. andem *A¹*.

www.ingramcontent.com/pod-product-compliance
Lightning Source LLC
Chambersburg PA
CBHW020238030726
47497CB00009B/3145